Overbeck · Latein

Die Reihe **BELTZ** Lern-Trainer wird herausgegeben von Wolfgang Endres

Inhaltsverzeichnis

Inhaltsverzeichnis

Vorwort

Liebe Schülerin, lieber Schüler,

Alle lateinischen Beispiele sind Original-Texte aus Caesars »De bello Gallico«, da in den meisten Schulen die lateinische Lektüre mit diesem Werk beginnt. Höchstwahrscheinlich hast du zwar auch schon etwas Spannenderes gelesen. Du sollst aber wissen, daß du es bei dieser Schrift immerhin mit einem Werk zu tun hast, das bei Caesars Zeitgenossen und der Nachwelt in hohem Ansehen stand.

Die folgenden Ausführungen sollen dir helfen, den Zugang zu diesem Werk zu erleichtern. Dabei werden Grundkenntnisse in der Formenlehre und die wichtigsten Erscheinungen beim Gebrauch der Casus vorausgesetzt. Diese Dinge kannst du in jeder Grammatik nachschlagen. Im übrigen wirst du hier immer neben der Übersetzung die Erklärungen finden, die ausführlich genug sind, so daß du ohne weitere Hilfsmittel arbeiten kannst.

Noch einige Bemerkungen zum Aufbau dieser Lernhilfe: Alle lateinischen Texte sind **blau** gedruckt, alle deutschen Übersetzungen sind *kursiv* gedruckt, alle Erklärungen erscheinen im Normal-Druck; so kannst du schon auf den ersten Blick erkennen, um was für Teile es sich handelt. Die einzelnen Abschnitte sind so ausgewählt, daß du eine Übungseinheit an einem Tag bewältigen kannst. Bei der Zitierung bezeichnet die römische Zahl das Buch, die erste arabische Zahl das Kapitel, die zweite den Satz.

Häufig gebrauchte Abkürzungen sind:

H.S. = Hauptsatz
N.S. = Nebensatz
PPP = Partizip Perfekt Passiv

Alle Kürzel werden beim ersten Vorkommen noch einmal erklärt.

So, und nun geht's los. **Fortes Fortuna adiuvat**

Das A-Feld

Anhalten

Immer, wenn du an ein solches Feld kommst, ist es Zeit, anzuhalten und über das Gelesene oder Geübte kurz nachzudenken.

Auswählen

Am Ende des Buches findest du eine große Auswahl an Merksätzchen, flotten oder dummen Sprüchen. Suche dir einen aus, der dir jetzt im Moment am besten paßt.

Aufhören

Dann hast du auch genug geschafft. Du weißt ja, wer allzugroße Schritte macht, läuft auch Gefahr, daß ihm schnell die Puste ausgeht.

Aufkleben

Zu guter Letzt klebst du den ausgesuchten Aufkleber in dieses Feld – als Belohnung sozusagen. Mit der Zeit entsteht auf diese Weise dein ganz persönlicher Lern-Trainer.

Text 1   **Der Auftakt**

Helvetii ea spe deiecti navibus junktis ratibusque compluribus factis, alii vadis Rhodani, qua minima altitudo
fluminis erat, nonnumquam interdiu, saepius noctu
perumpere, si possent, conati operis munitione et militum
concursu et telis repulsi hoc conatu destiterunt. (I 8,4)

deicere, deicio, deieci, deiectum *abwerfen, hinunterwerfen*
iungere, iungo, iunxi, iunctum *verbinden*
ratis, is, f. *Floß*
complures *mehrere*
vadum, i, n. *Furt, seichte Stelle*
nonnumquam *manchmal*
interdiu *bei Tage*
perrumpere, rumpo, rupi, ruptum *durchbrechen*
conari, conor, conatus sum (Deponens) *versuchen*
opus, operis, n. bei Caesar oft *milit. Befestigungswerk*
munitio, munitionis, f. *Befestigung*
concursus, concursūs, m. *das Zusammenlaufen*
repellere, repello, reppuli, repulsum *zurückschlagen*
desistere, desisto, destiti – *aufhören mit, ablassen von*

Zur Sache: Die Helvetier wollten aus ihrem Gebiet auswandern und dabei durch die von Caesar verwaltete römische Provinz ziehen. Caesar hatte vorsorglich an entscheidenden Stellen an der Rhone Befestigungen anlegen lassen und schlug ihnen ihren Wunsch ab.

Dieser Satz (griech. Fachausdruck: Periode) ist mit 37 Wörtern typisch für die lateinische Sprache, aber trotz seiner Länge nicht zu schwer. Lies ihn aufmerksam bis zu Ende! Man kann oft erst beim letzten Wort merken, was passiert. Also: **Helvetii … destiterunt**, *die Helvetier hörten auf*. Vor dem Prädikt steht **hoc conatu**, *sie hörten mit diesem Versuch auf*. Damit hast du schon den wesentlichen Inhalt des Satzes verstanden. Jetzt hältst du Ausschau nach Formen, die mit *Helvetii* kongruieren, d.h., die im selben Fall und Geschlecht stehen. Als erstes findest du **deiecti** *heruntergeworfen*; davor steht **ea spe**; *sie sind von dieser Hoffnung heruntergeworfen*. (s.o.: Caesar hatte ihnen den Durchzug verweigert).

Das nächste mit **Helvetii** kongruierende Wort ist **alii**; das stellen wir vorerst zurück, weil uns ein Verbum dazu fehlt. Bleibt **conati**. Du weißt, daß man aus einem Partizip einen Hauptsatz machen darf (wird später noch geübt), also H.S. *sie versuchten*; der zugehörige Infinitiv ist **perrumpere** *sie versuchten durchzubrechen*; nehmen wir gleich den Zusatz **si possent** hinzu: *wenn sie (es) könnten*, oder *ob sie es könnten*. Alle vorhergehenden Wörter bezeichnen die Art und Weise oder den Ort oder die Zeit. *Sie versuchten durchzubrechen mit zusammengebundenen Schiffen und auf mehreren ge-*

machten (d.h. an Ort und Stelle gezimmerten) *Flößen.* Jetzt kannst du auch **alii** verstehen: *andere versuchten den Durchbruch an Furten der Rhone, wo die Wassertiefe am geringsten war.* Es fehlen noch die Zeitangaben: *manchmal am Tage, meistens bei Nacht.*

Nun kommt das letzte Partizip an die Reihe **repulsi**, *sie sind zurückgeschlagen worden.* Wodurch? Drei Ablative geben Antwort auf diese Frage; 1. durch die Befestigungsanlage, 2. *durch das Zusammenlaufen der Soldaten*, d.h. die Wachtposten waren auf Draht, 3. *durch die Sperre.*

Ehe wir nun das Ganze in vernünftiges Deutsch bringen, eine Bemerkung zur Übersetzung von Partizipien. Ob du aus einem lat. Part. im Deutschen einen N.S. machst oder einen H.S., ist deinem persönlichen Geschmack überlassen. Oft bietet sich ein Relativsatz an: *die Helvetier, die sich getäuscht sahen, …*; das ist eine »neutrale« Übersetzung. Wenn du eine Konjunktion verwendest, bekommt der Satz eine bestimmte Färbung, z.B. *Weil die H. sich … getäuscht sahen, …*; wenn du einen H.S. bildest, achte auf die gedankliche Verbindung: *die H. sahen sich … getäuscht und versuchten deshalb …*; mein Rat: wenn die Periode lang ist, solltest du die dritte Möglichkeit wählen, da wir dann froh sind über jeden »eingesparten« N.S.

Die Helvetier sahen sich in dieser Hoffnung getäuscht; sie versuchten daher auf zusammengebundenen Schiffen und mehreren an Ort und Stelle gezimmerten Flößen den Übergang über die Rhone zu erzwingen (wörtl.: wenn sie könnten, durchzubrechen); andere versuchten es an seichten Stellen, wo die Wassertiefe am geringsten war, manchmal bei Tage, meistens bei Nacht; sie wurden jedoch durch die Befestigungsanlage sowie durch die schnelle Reaktion und den Geschoßhagel unserer Soldaten zurückgeworfen und ließen daher von ihrem Versuch ab.

Das nächste Beispiel bringt uns schon etwas mehr von lat. Eigentümlichkeiten. Wir können nicht alles auf einmal üben; natürlich wird alles erklärt, aber die einzelnen Schwierigkeiten verteilen wir auf verschiedene Kapitel. Wenn du also beim ersten Mal nicht alles behalten kannst, mache dir keine Sorgen! Die Dinge werden oft genug wiederholt.

Zum Verständnis des folgenden Textes hier der Zusammenhang: Die Helvetier hatten in der Zwischenzeit einen anderen Weg gefunden und setzten gerade über den Fluß Arar, die heutige Saône, als Caesar von den nunmehr bedrohten Volksstämmen zu Hilfe gerufen wurde. Er schlägt den Teil der Helvetier, die den Fluß noch nicht überschritten hatten. Hier setzt der Text ein.

Text 2   **Übungen zum Abl.abs.**

Hoc proelio facto reliquas copias Helvetiorum ut consequi posset, pontem in Arari faciendum curat atque ita
exercitum traducit. Helvetii repentino eius adventu commoti, cum id, quod ipsi diebus viginti aegerrime confecerant, ut flumen transirent, illum uno die fecisse intellegerent, legatos ad eum mittunt; cuius legationis Divico princeps fuit, qui bello Cassiano dux Helvetiorum fuerat.
(I 13, 1, 2)

consequi, consequor, consecutus sum *nachfolgen, einholen*
Arar, Araris, m. rechter Nebenfluß der Rhone, heute *Saône*
curare *sorgen (für), besorgen*
repentinus, a, um *plötzlich*
commovere, commoveo, commovi, commotum *heftig bewegen*
aegre (Adv.) *mit Mühe; aegerrime mit größter Mühe*

Der Satz beginnt mit einem sog. Ablativus absolutus; manche Grammatiken sagen: Abl. mit Partizip; es gibt jedoch gute Gründe dafür, die althergebrachte Bezeichnung Abl. abs. beizubehalten, da man diesen Ausdruck tatsächlich von dem übrigen Satz »loslösen« kann.

Wenn du mit dem Abl. abs. umzugehen verstehst, kannst du die nächsten Zeilen überschlagen; wenn nicht, lies sie aufmerksam durch!

Für die erste Übersetzung eines Abl. abs. empfiehlt sich zunächst ein N.S.; da es sich bei **facto** um ein Partizip Perfekt Passiv (PPP) handelt, ist die Konjunktion *nachdem* immer richtig. Dieses Wort *nachdem* steht im lat. Text nirgendwo, du mußt es einfach ergänzen. Jetzt machst du aus dem Ablativ im Deutschen das Subjekt, also *dieser Kampf*; aus dem PPP machst du das Prädikat; denke beim PPP an die Vorzeitigkeit! Also heißt **hoc proelio facto** *nachdem dieser Kampf gemacht worden war*. (Wir werden später den Ausdruck verbessern.)

Wenn du jetzt den anderen Text übersetzen willst, findest du zunächst kein Subjekt. Das wird dir öfter so gehen. Hier ist das Subjekt im Prädikat enthalten; gemeint ist Caesar, wie sich aus dem Zusammenhang ergibt.

Die nächste finite[*] Verbform ist **posset**; da es sich um den Konjunktiv handelt, lassen wir sie zunächst unbeachtet. Damit bleibt **curat** für dich wichtig. *Er sorgt.* Caesar spricht von sich in der dritten Person; dabei wendet er gelegentlich das Präsens an, das wir aber als Vergangenheit übersetzen und als praesens historicum bezeichnen: das erzählende Präsens.

Curat hat das Akk. Obj. **pontem** bei sich; *er sorgte für eine Brücke.* Nun ist die Brücke noch gar nicht da, daher **pontem faciendum**; das Gerundivum drückt aus, daß etwas getan werden soll, also *er sorgte für eine zu er-*

---

[*]   finit bedeutet im Gegensatz zu »In«-finitiv festgelegt, nämlich festgelegt hinsichtlich Person, Anzahl und Modus

richtende Brücke = *er sorgte für den Bau einer Brücke* oder *er ließ eine Brücke bauen* (die Gerundiv-Konstruktionen üben wir später).

Bei **reliquas copias Helvetiorum ut consequi posset** stört dich vermutlich die Wortstellung, die im Lat. viel freier gehandhabt werden kann als im Deutschen; **reliquas copias** ist eindeutig Akk. Pl., also muß es Objekt zu einem Verbum sein; zu welchem, wirst du gleich sehen. **posset** ist Konjunktiv, **ut posset** *damit* (oder *so daß?*) *er könne*; schauen wir uns den Zusammenhang an: er läßt die Brücke bauen mit einem bestimmten Ziel oder Zweck: also *damit er einholen könne*; wen? *die übrigen Truppen der Helvetier*, die ja schon auf der anderen Flußseite waren. Im Klartext lautet die Übersetzung: *Nach diesem Kampf ließ Caesar, um die übrigen Truppen der Helvetier einholen zu können, eine Brücke über die Saône bauen und führte so sein Heer auf die andere Seite.*

Der zweite Satz beginnt mit dem Subjekt **Helvetii**; das PPP **commoti** kongruiert (s.o. stimmt überein) damit; du weißt aus dem ersten Beispiel, daß man aus einem Part. einen H.S. machen darf; *die Helvetier waren bewegt*; wodurch, erklärt der Abl.: *durch seine (Caesars) plötzliche Ankunft.*

Bei dem folgenden Satz helfen dir die Kommata, die ja nicht als Stolpersteine für Schüler erfunden wurden, sondern Lesehilfen sind. Nach **commoti** erwarten wir eine Begründung, warum sie so »*bewegt*« waren; **cum** + Konjunktiv ist dir bekannt: *als, da, weil;* **transirent** ist zwar Konjunktiv, steht aber in einem **ut**-Satz, kommt also für uns jetzt nicht in Frage; bleibt **intellegerent** *weil sie feststellten*. Bei **intellegere** steht ein AcI; (Syntax im Telegramm-Stil: du mußt die Konjunktion *daß* ergänzen, den Akk. zum Subjekt des daß-Satzes und den Infinitiv zum Prädikat machen.) *Weil sie feststellten, daß jener (Caesar) an einem einzigen Tage gemacht hatte*; fehlt noch das Objekt »*Was*«? Antwort: **id, quod** . . .; *das, was sie selbst nur mit größter Mühe in zwanzig Tagen geschafft hatten.* **confecerant** wird noch durch den Zusatz erläutert **ut flumen transirent** *daß sie den Fluß überschritten* (im Vorhergehenden hatte Caesar ja berichtet, daß sie den Übergang mit primitiven Mitteln bewerkstelligt hatten).

Setzen wir nun die Einzelteile zusammen: *Die Helvetier waren durch seine plötzliche Ankunft bestürzt, weil sie feststellten, daß Caesar den Flußübergang an einem einzigen Tage geschafft hatte, was sie selbst nur mit größter Mühe in zwanzig Tagen fertiggebracht hatten; sie schickten daher Unterhändler zu ihm.*

15

Woher nehmen wir das Wort »*daher*«? Aus dem PPP **commoti**. Erinnere dich: bei der Übersetzung eines Part. soll die gedankliche Verbindung zum H.S. gewahrt bleiben. Man kann auch einen N.S. bilden: *weil die Helvetier bestürzt waren, schickten sie . . .*; ich ziehe hier die Übersetzung mit einem H.S. vor, weil wir ohnehin eine Reihe von N.S. haben.

Der letzte Satz beginnt mit einem sogenannten relativischen Anschluß, d.h. hier wird ein Relativ-Pronomen im Sinne eines Demonstrativ-Pronomens verwendet. Setze statt **cuius huius** ein! Dann hast du es leichter; es liegt ein H.S. vor. Woher weiß man das? Weil zu **cuius** kein Bezugswort steht. Ein Relativ-Pronomen »bezieht« sich auf etwas oder jemanden; daher der Name! **relativus** heißt *bezüglich*. Das grammatische Bezugswort fehlt hier.

Gleich danach hast du ein echtes Rel.-Pron., **qui** »bezieht« sich eindeutig auf **Divico**. **princeps** muß je nach Situation anders übersetzt werden. Hier ist **Divico princeps** der **legati**; dann sagen wir: *der Wortführer dieser Abordnung war Divico, der im Krieg gegen Cassius* (107 v. Chr.) *Befehlshaber der Helvetier gewesen war.*

Von der heutigen Lektion wollen wir uns die Möglichkeit merken, wie man einen Abl. abs. kurz übersetzen kann. Das empfiehlt sich immer dann, wenn wir schon einen oder mehrere N.S. haben. **Hoc proelio facto** heißt ganz kurz: *nach diesem Kampf* entsprechend **eo opere perfecto** *nachdem dieses Bollwerk fertiggestellt worden war = nach Errichtung dieses Bollwerks;* **monte occupato** *nachdem der Berg besetzt worden war = nach der Einnahme des Berges;* **armis traditis** *nachdem die Waffen abgeliefert worden waren = nach Ablieferung der Waffen;* **hac oratione habita** *nachdem diese Rede gehalten worden war = nach dieser Rede* **signo dato** *nachdem das Zeichen gegeben worden war = auf ein gegebenes Zeichen hin;* **omni pacata Gallia** *nachdem ganz Gallien unterworfen worden war = nach der Unterwerfung ganz Galliens;* **signo amisso** *= nach dem Verlust des Feldzeichens;* **pace facta** *= nach dem Friedensschluß.* Andere Übersetzungsmöglichkeiten werden wir **data occasione** *= bei gegebener Gelegenheit* üben.

16

Text 3 **Übungen zum AcI und Refl.-Pron.**

His nuntiis litterisque commotus Caesar duas legiones in citeriore Gallia novas conscripsit et, ineunte aestate in ulteriorem Galliam qui deduceret, Q. Pedium legatum misit. Ipse, cum primum pabuli copia esse inciperet, ad exercitum venit. Dat negotium Senonibus reliquisque Gallis, qui finitimi Belgis erant, uti ea, quae apud eos gerantur, cognoscant seque de his rebus certiorem faciant. Hi constanter omnes nuntiaverunt manus cogi, exercitum in unum locum conduci. Tum vero dubitandum non existimavit, quin ad eos proficisceretur. Re frumentaria provisa castra movet diebusque circiter quindecim ad fines Belgarum pervenit. (II 2, 1–5)

Zusammenhang: Caesar war gegen Ende des ersten Kriegsjahres nach Oberitalien gezogen **ad conventus agendos** *zu den abzuhaltenden Gerichtstagen = um Gerichtstage abzuhalten*; ein Provinzstatthalter war nämlich auch zuständig für die Rechtsprechung in seinem Verwaltungsbezirk. Er verbrachte den Winter am Comer See, seine Anwesenheit bei den gallischen Stämmen war nicht nötig, da zu dieser Jahreszeit wegen der technischen Schwierigkeit kein Krieg geführt wurde. Nun erfährt er, daß im Gebiet der Belgier ein Aufstand gegen die Römer vorbereitet werde.

Heute wollen wir die Vokabeln etwas ausführlicher erklären: **litterae** ist im allgemeinen *ein Brief*; wenn mehrere gemeint sind, sagt man **epistulae**; **conscribere** *zusammenschreiben* ist militärischer Fachausdruck: *Soldaten in die Listen eintragen* (Ordnung muß sein!) = *ausheben, anwerben*; **Gallia citerior** ist das von Rom aus gesehen diesseits der Alpen gelegene Gallien; auch Gallia Cisalpina genannt; es ist das heutige *Ober-Italien*; schaue es dir auf dem Geschichtsatlas an! Es umfaßt die gesamte Po-Ebene und reicht bis an die Abhänge des Apennin; die Südgrenze war der geschichtsträchtige Fluß Rubicon in der Nähe von Rimini.

Mit der Überschreitung dieses Flusses brach im Jahre 49 der Bürgerkrieg aus. **Gallia ulterior**, *das jenseitige Gallien*, wiederum von Rom aus betrachtet, ist das Gebiet, in dem Caesar von 58–51 Krieg geführt hat und das heute zu großen Teilen *Frankreich* heißt.

Durch diese Nachrichten und den Brief bewegt, hat Caesar in Oberitalien zwei neue Legionen ausgehoben und …; jetzt suchst du zunächst das Verbum, das mit **et** angeschlossen wird; **deduceret** ist Konjunktiv, kommt wohl nicht in Frage; bleibt **misit** *er schickte*; das Objekt steht davor: *er schickte den Legaten Quintus Pedius*. **legatus** bezeichnet einen militärischen Rang, etwa Regimentskommandeur. Weil wir keinen passenden Ausdruck haben, kannst du Legat stehen lassen. **qui deduceret** steht zwar vor **Quintum Pedium**, bezieht sich aber auf ihn, *der führen sollte*. Beachte den Konjunktiv! Wen er führen sollte, steht nicht im Text, es sind die zwei Legionen gemeint.

Jetzt fehlt noch die Zeitangabe und das Ziel: *bei beginnendem Sommer ins jenseitige Gallien*. Bei der endgültigen Übersetzung nehmen wir einige Verfeinerungen vor; statt *bewegt* sagen wir *veranlaßt* oder *auf Grund*; *auf Grund dieser Nachrichten und dieses Briefes stellte Caesar in Oberitalien*

18

zwei neue Legionen auf und schickte bei Sommeranfang den Legaten Quintus Pedius los, der sie ins jenseitige Gallien führen sollte.

cum primum steht üblicherweise mit dem Indikativ (*sobald*); wenn hier der Konjunktiv steht, so will Caesar damit ausdrücken, daß er noch so lange wartet, bis …; für **copia pabuli** = *die Menge des Grünfutters* sagen wir: *ausreichend* oder *genügend Futter. Er selbst kam erst zum Herr, sobald genügend Futter anfing dazusein = sobald genügend Futter vorhanden war.* **negotium** (= **nec otium**) *Beschäftigung, Geschäft, Aufgabe, Auftrag*; **uti** sagt Caesar oft für **ut**; **gerantur** ist Konjunktiv Pr.P. von **gerere** und heißt als Passiv ähnlich wie **fieri** *geschehen*; **ea, quae** ist n.pl. *das, was*; **aliquem certiorem facere** *jemanden sicherer machen* = *jmd. benachrichtigen*; das Prädikat **dat** steht im Präsens (praesens historicum), das hat hier Auswirkungen auf die konjunktivischen N.S.; **gerantur, cognoscant, faciant** sind Konjunktive des Präsens; *er gab den Senonen und den übrigen Galliern, die den Belgiern benachbart = Nachbarn der Belgier waren, den Auftrag, daß sie das, was bei diesen* (den Belgiern) *geschehe, erfahren sollten und …*; **seque** (zerlege) in **et se**! Der Lateiner verwendet anders als wir das Reflexiv-Pronomen in konj. N.S., wenn sich das Wort zurückbezieht auf das Subjekt des H.S.; Subjekt ist Caesar; die Volksstämme sollen also Caesar benachrichtigen. *… und ihn über diese Dinge benachrichtigen.*

Hier noch ein Tip für gutes Deutsch. Wenn ein daß-Satz durch einen Infinitiv ersetzt werden kann, ist der Infinitiv vorzuziehen; in unserem Beispiel: *er gab ihnen den Auftrag, festzustellen, was da vor sich gehe, und ihn darüber zu informieren.*

Vok. zu Satz 4: **constanter** Adv. zu **constans** heißt hier: *übereinstimmend*, **cogi** und **conduci** sind Inf.Pr.P., verwechsle sie nicht mit dem Perf. Aktiv! Da diese Formen wegen des AcI bei Caesar häufig vorkommen, merke dir als Regel, daß der Inf.Pr.P. bei den Verben der konsonantischen Konjugation immer eine Silbe weniger hat als der aktive Infinitiv; also **co-ge-re**, aber **co-gi**; **con-du-ce-re**, aber **con-du-ci**; **manus** heißt außer *Hand* auch *Handvoll = Schar, Truppe*; bei **nuntiare** als einem Verbum des Sagens steht der AcI; *diese meldeten alle übereinstimmend, daß Truppen zusammengezogen würden und das Heer an einem Orte zusammengeführt werde.*

quin in Satz 5 heißt eigentlich *daß nicht* und steht nur nach negativem H.S., bleibt aber meist unübersetzt, weil wir im Deutschen den Infinitiv vorziehen; **dubitandum** ist Gerundivum (später mehr dazu), wenn es wie hier verneint ist, sagen wir nicht: *müssen*, sondern: *nicht dürfen*.

Da glaubte er, nicht mehr zögern zu dürfen, gegen sie zu marschieren. Oder *er glaubte, unverzüglich gegen sie marschieren zu müssen.*

Vok. zum letzten Satz, **rem frumentariam providere** *die Getreideversorgung regeln*, **castra movere** *das Lager bewegen = abbrechen*, oder einfach: *aufbrechen*; *nachdem die Getreideversorgung geregelt worden war* oder *nach Regelung des Nachschubs brach* (praesens historicum) *er auf und gelangte in ungefähr 15 Tagen zum Gebiet der Belgier.*

diebus quindecim heißt soviel wie *in zwei Wochen*. Der Römer zählt bei Zeitangaben den Ausgangs- und den Endpunkt mit, daraus ergeben sich 15 Tage; wir sagen in 14 Tagen. Aber wenn wir nur eine Woche meinen, haben wir auch die römische Zählweise, dann sagen wir in acht Tagen. So ist also im Sprachgebrauch 14 das Doppelte von 8 (sag das aber bitte nicht deinem Mathe-Lehrer!).

Zu **provisa** noch ein Tip. Der Lateiner liebt das Passiv, wir ziehen das Aktiv vor. Du darfst ruhig sagen: *nachdem er die Getreideversorgung geregelt hatte*; denn aus dem Kontext (Zusammenhang) geht klar hervor, von wem sie geregelt worden war.

Zum Abschluß der heutigen Übung einige Beispiele zum A c I in Verbindung mit dem Reflexiv-Pronomen.

Helvetii pro multitudine hominum … **angustos se fines habere arbitrabantur** (I 2, 5). *Die Helvetier glaubten, daß sie … hätten.* Die Form **se** gilt für Sg. und Pl.; das Refl.-Pron. muß stehen, weil es sich zurückbezieht auf das Subjekt. Besser klingt der Infinitiv. *Die Helvetier glaubten, im Verhältnis zu ihrer großen Bevölkerungszahl ein zu kleines Gebiet zu haben.*

Allobrogibus sese vel persuasuros … **existimabant vel vi coacturos** (I 6, 3). Caesar sagt gern **sese** statt **se**, ohne Bedeutungsunterschied. Hier liegt ein A c I Futur vor; nach der Schulgrammatik müßte noch **esse** dabei stehen (**persuasuros esse**), Caesar läßt dieses Wort jedoch sehr oft fort. *Sie glaubten, daß sie die Allobroger überreden* bzw. *gewaltsam zwingen könnten.* Auch hier muß das Reflexiv-Pronomen stehen, da *sie* in beiden Sätzen dieselbe Personengruppe bezeichnet. Das Futurum ist hier mit *können* wiedergegeben.

20

Caesari cum id nuntiatum esset eos per provinciam nostram iter facere conari, maturat, ab urbe proficisci (I 7, 1). Hier d a r f kein Reflexiv-Pronomen stehen, es muß **eos** heißen, weil von verschiedenen Personen die Rede ist, also keine Rückbeziehung vorliegt. *Als Caesar gemeldet wurde, daß sie* (die Helvetier) *versuchten, durch unsere* (römische) *Provinz zu ziehen, beeilte er sich, von Rom aufzubrechen.*

…, **qui dicerent sibi in animo esse sine ullo maleficio iter per provinciam facere** (I 7, 3). Das Refl.-Pron. **sibi** bezieht sich auf das Subjekt zurück; die Formen **sui, sibi, se, a se, secum** sind für Singular und Plural die gleichen. …, *die sagen sollten* (Konjunktiv), *daß es ihnen im Sinn sei = daß sie vorhätten, ohne irgendeine Gewalttätigkeit durch die Provinz zu ziehen.* Präge dir bei dieser Gelegenheit den Gebrauch von **ullus** ein: *irgendein*, wird aber nur in negativem Sinn verwendet.

Caesar antwortet den Unterhändlern **diem se ad deliberandum sumpturum** (I 7, 6), *daß er sich Zeit nehmen werde zum Überlegen* (**ad deliberandum** ist Gerundium, später mehr dazu). Wie üblich, fehlt **esse**; das Refl.-Pron. ergibt sich daraus, daß derjenige, der antwortet, derselbe ist wie derjenige, der sich Zeit nehmen will. **Allobroges … demonstrant sibi praeter agri solum nihil esse reliqui** (I 11, 5). Die Allobroger beschweren sich bei Caesar über Gewalttaten, die ihnen von den Helvetiern zugefügt worden sind und *weisen darauf hin, daß ihnen außer ihrem Grund und Boden nichts geblieben sei* (wörtl. *nichts des Übrigen*).

ubi se diutius duci intellexit … (I 16, 5), **ducere** heißt hier *hinauszögern, hinhalten; sobald Caesar merkte, daß er länger* (oder *zu lange*) *hingehalten werde*, …

Nun noch zwei Verben, die du aus dem Grammatik-Unterricht kennst, bei denen der AcI steht: **iubere** *befehlen* und **vetare** *verbieten*. **(Helvetii) trium mensum molita cibaria sibi quemque domo efferre iubent** (I 5, 4). Die Helvetier haben vor ihrem Auszug die Verpflegungsfrage geregelt; **molita cibaria** n.pl. *Mehl;* **trium mensum** Gen pl. *dreier Monate = für drei Monate;* **quemque** ist Akk. zu **quisque** *jeder;* kommt nur in bestimmten Wortverbindungen vor. *Sie ordnen an, daß jeder für sich* **sibi** *Mehl für drei Monate von Hause aus mitnehmen solle.*

Caesar legatos discedere nisi munitis castris vetuerat (II 20, 3). *Caesar hatte den Legaten* (Legionskommandanten s.o.) *verboten wegzugehen, ehe das Lager befestigt war* (wörtl. *wenn nicht, nachdem das Lager befestigt worden war*).

Zum Schluß noch ein Sonderfall; auch bei **velle** bzw. **nolle** und **malle** kann ein AcI stehen, und zwar dann, wenn derjenige, der etwas will, ein anderer ist als derjenige, der etwas tun soll. Kurz gesagt, bei verschiedenem Subjekt, z.B. der Vater will, daß der Sohn Geige übt; oder der Sohn will, daß der Vater den Mund halte.

(Belgae) Germanos diutius in Gallia versari noluerant (II 1, 3). *Die Belgier hatten nicht gewollt, daß die Germanen sich in Gallien länger aufhielten.* Belgier und Germanen sind verschiedene Subjekte. **iter per Alpes** … **patefieri volebat** (III 1, 2). *Er* (Caesar) *wollte, daß der Weg durch die Alpen erschlossen werde.*

Text 4 **Gerundium und Gerundivum**

Caesar Remos cohortatus liberaliterque oratione prosecutus omnem senatum ad se venire principumque liberos obsides ad se adduci iussit. Quae omnia ab his diligenter ad diem facta sunt. Ipse Diviciacum Haeduum magnopere cohortatus docet, quantopere rei publicae communisque salutis intersit manus hostium distineri, ne cum tanta multitudine uno tempore confligendum sit; id fieri posse, si suas copias Haedui in fines Bellovacorum introduxerint et eorum agros populari coeperint. His datis mandatis eum ab se dimittit. (II 5, 1–3)

cohortari *ermuntern* und **prosequi** *geleiten* sind Deponentien, d.h. Verben, die passive Formen, aber aktive Bedeutung haben. Das PPP solcher Verben läßt sich sehr gut in einen lat. Satz einbauen; **Caesar … cohortatus … et … prosecutus … iussit**. *Nachdem Caesar ermuntert und geleitet hatte, befahl er …*;

aliquem liberaliter oratione prosequi kann man nicht wörtlich übersetzen; gemeint ist *jemandem freundlich zureden*. Wir wollen hier wieder aus den Part. einen H.S. machen, um einen Haltepunkt zu gewinnen; *Caesar ermutigte die Remer und redete ihnen freundlich zu.*

senatus ist für römische Leser gedacht; die Remer hatten natürlich keinen Senat, der dem römischen vergleichbar war. Wenn du aber einfach daran denkst, daß **senatus** von **senex** kommt, dann kannst du leicht *Ältestenrat* sagen. **obsides** *Geiseln* wird dir oft begegnen, da es in der damaligen Zeit üblich war, Abmachungen durch die Gestellung von Geiseln zu sichern. Bei **omnem senatum** beginnt ein A c I, der von **iussit** abhängt. Innerhalb des A c I steht zweimal **ad se**; es bezieht sich zurück auf das Subjekt des H.S. (s.o.), also *Caesar. Er befahl, daß der gesamte Ältestenrat zu ihm kommen solle und daß die Kinder der Vornehmsten als Geiseln zu ihm gebracht werden sollten.* Wenn du den N.S. mit *daß* nicht schön findest, kannst du sagen: *er ließ den Ältestenrat zu sich kommen und sich die Kinder der V. als Geiseln bringen.*

Quae ist relativischer Anschluß (s.o.), setze statt dessen **haec** ein, dann hast du einen Hauptsatz. *Dieses alles* (n.pl.) *ist von ihnen termingerecht* (**ad diem**) *ausgeführt worden.*

Im folgenden Satz ist **Diviciacum** Objekt zu **cohortatus** und **docet** *er ermuntert und belehrt ihn*; wir fassen den Ausdruck zusammen: *er erklärt ihm mit eindringlichen Worten*, wobei der Nachdruck durch **magnopere** noch verstärkt wird.

Bevor wir den N.S. übersetzen, müssen wir uns eine schwierige Ausdrucksweise etwas näher anschauen. **interest** + Gen. heißt *es ist in jemandes Interesse*, **rei publicae interest** *es liegt im Interesse des Staates*; durch den folgenden A c I wird der Inhalt des Interesses ausgedrückt; **manūs** (Akk.Pl.) **hostium distineri** *daß die Scharen der Feinde auseinandergehalten werden*. Bei **docere** steht der A c I, wenn man erklärt, daß etwas ist; wenn aber erklärt wird, wie oder warum etwas ist, steht ein indirekter Fragesatz und damit der Konjunktiv. Daher die Form **intersit**. *Er selbst macht dem Häduer Diviciacus mit ganz eindringlichen Worten klar, wie sehr es im Interesse des Staates und des gemeinsamen Wohlergehens (= Sicherheit) liege, daß die Truppen der Feinde auseinandergehalten würden.*

Gemeinsames Wohlergehen bedeutet, daß sowohl Caesar als auch Diviciacus die Nutznießer sind. Das anschließende **ne** zeigt, daß mit dieser Maßnahme ein Ziel erreicht werden soll; denn **ne** heißt immer *damit nicht.* **configendum est** (Gerundivum, später mehr dazu) *man muß kämpfen*, nach **ne** natürlich **sit**; *damit man nicht mit einer so großen Menge gleichzeitig* (**uno tempore**) *kämpfen müsse.* Hier darfst du auch freier übersetzen *damit man nicht gezwungen sei, … zu kämpfen.*

Zu dem folgenden AcI muß man sich **docet** als wiederholt denken; *das* (nämlich das Auseinanderhalten der feindlichen Truppen) *könne geschehen, wenn die Häduer ihre Truppen ins Gebiet der Bellovaker geführt und begonnen hätten, deren Felder zu verwüsten.* Warum stehen hier die Konjunktiv-Formen **introduxerint** und **coeperint**? Weil wir es hier mit einer indirekten Rede zu tun haben (oratio obliqua). Am Schluß des Büchleins wird das ausführlicher behandelt.

Für heute nur so viel: in der oratio obliqua stehen alle Aussage-Sätze (Deklarativ-Sätze) im AcI, alle N.S. im Konjunktiv. In gutem Deutsch werden wir die Vorzeitigkeit bei **introduxerint** und **coeperint** nicht nachmachen (s.u.). Das letzte Hauptverbum **dimittit** ist praesens historicum, das wir mit der Vergangenheit übersetzen, während ich **docet** mit dem Präsens übersetzt habe. Gelegentlich klingt auch in unserer Sprache das Präsens in der Erzählung ganz gut, man darf es nur nicht zu oft anwenden. *Er schickte ihn von sich fort* klingt zu hart, besser *er entließ ihn.* Wann? *Nachdem diese Aufträge gegeben worden waren*; besser aktivisch *nachdem er ihm diese Aufträge erteilt hatte.*

Nun die zusammenfassende Übersetzung: *Caesar ermutigte die Remer und redete ihnen freundlich zu; er ließ den gesamten Ältestenrat zu sich kommen und ließ sich die Kinder der Vornehmsten als Geiseln bringen. Das alles ist von ihnen pünktlich ausgeführt worden. Er erklärt dem Häduer Diviciacus mit ganz eindringlichen Worten, wie sehr es im Interesse des Staates und ihrer beider Sicherheit liege, daß die feindlichen Truppen auseinandergehalten würden, damit man nicht gezwungen sei mit einer so großen Masse gleichzeitig zu kämpfen; das könne erreicht werden, wenn die Häduer ihre Truppen ins Gebiet der Bellovaker führten und anfingen, deren Felder zu verwüsten. Nachdem er Diviciacus diese Aufträge erteilt hatte, entließ er ihn.*

Übungen zum Gerundium und Gerundivum

Bevor wir mit unseren Übersetzungsübungen fortfahren, müssen wir uns heute mit dem Gerundium und dem Gerundivum beschäftigen; ohne sichere Kenntnis dieser typisch lateinischen Formen kann man mit vielen Texten nicht fertig werden. Du hast schon einige Beispiele kennengelernt; **pontem faciendum curat** (Gerundivum), **dubitandum non existimavit** (Gerundivum), **ne confligendum sit** (Gerundivum), **ad deliberandum** (Gerundium).

Zunächst die Definition: Das Gerundium ist ein aktives Verbal-Substantiv, das Gerundivum ein passives Verbal-Adjektiv. Vereinfacht kann man das Gerundium als den deklinierbaren substantivierten Infinitiv bezeichnen.

laudare *das Loben*
laudandi *des Lobens*
laudando *dem Loben* (kommt in beiden Sprachen sehr selten vor)
laudare *das Loben,* **ad laudandum** *zum Loben*
laudando *durch Loben*

Mehr Formen gibt es vom Gerundium nicht. Die Formen gelten wie im Deutschen als Neutrum, und man kann in beiden Sprachen davon keinen Plural bilden.

Einige Beispiele aus deiner Muttersprache:

Ja, das Schreiben und das Lesen ist nie mein Fall gewesen. (Nom.)
Ach, ich bin des Treibens müde! (Gen.)
Sie widerstand seinem Werben. (Dat.)
Not lehrt Beten. (Akk.)
Glatteis erschwerte das Fahren. (Akk.)

Das gleiche kann der Lateiner. **scribere** heißt *schreiben* und *das Schreiben*; der Charakter des Verbums (daher der Name Verbal-Substantiv) kommt zum Ausdruck, indem eine nähere Bestimmung als Adverb erscheint; *fehlerfreies Schreiben* heißt **recte** (Adv.) **scribere**. *Die Kunst des Schreibens* ist **ars scribendi**, *die Kunst des fehlerfreien Schreibens* **ars recte scribendi**; im Dativ kommt die Form nur selten vor (s.o.), nur in bestimmten Redewendungen, z.B. **scribendo adesse** wörtlich *beim Schreiben dabei sein = einen Senatsbeschluß mitunterschreiben.* Als Akk. gibt es die Form **scribere**, da ja bei einem Neutrum der Nominativ und der Akkusativ gleich klingen, **scribere odi** *Schreiben mag ich nicht.* Außerdem gibt es die Form **scribendum**, aber nur in Verbindung mit der Präposition **ad**; **ad scribendum** *zum Schreiben.* Der Ablativ kommt vor als Instrumentalis **scribendo** *durch Schreiben* (lernst du viel), oft auch in Verbindung mit einer Präposition **in scribendo** *beim Schreiben* oder **aliquem a scribendo deterrere** *jemanden vom Schreiben abhalten.*

Zu diesen Formen nun einige Beispiele aus Caesars de bello Gallico; **cupidus bellandi** *begierig nach Kriegführen = kriegslustig,* **finis sequendi** *Das Ende des Folgens = d.E. der Verfolgung,* **ratio perficiendi** *die Art und Weise des Vollendens = d.A. + W. der Fertigstellung,* **facultas ex pugna excedendi** *die Möglichkeit des aus dem Kampf Ausscheidens = d.M., aus dem Kampf auszuscheiden,* **causa postulandi iusta** *der berechtigte Grund des Forderns = eine berechtigte Forderung,* **studium pugnandi** *Kampfeseifer,* **potestas in muro consistendi** *die Möglichkeit des auf der Mauer Stehenbleibens = d.M., auf der Mauer stehenzubleiben.*

Der Gen. kommt häufiger vor mit nachgestelltem **causa**; **hiemandi causa** *des Überwinterns wegen = um zu überwintern,* **speculandi causa** *um zu spionieren,* **colloquendi causa** *um sich zu unterreden,* **praedandi causa** *um Beute zu machen.*

Merke dir in diesem Zusammenhang folgende Ausdrücke: **sui excusandi causa** *um sich zu entschuldigen* **sui purgandi gratia (= causa)** *um sich zu rechtfertigen,* **sui reficiendi causa** *um sich zu erholen*; in diesen Beispielen müßtest du eigentlich statt **sui** das Akk.-Objekt **se** erwarten; aber der Lateiner hat hier das Reflexiv-Pronomen an den Kasus des Gerundiums angeglichen. Von solcher Kasus-Angleichung werden wir später noch in anderem Zusammenhang hören bzw. lesen.

Nun Beispiele mit **ad**; ad deliberandum (s.o.) *zum Überlegen,* **ad hiemandum** *zum Überwintern,* **ad egrediendum** *zum Aussteigen,* **ad navigandum** *zum Segeln,* **ad pugnandum** *zum Kämpfen,* **ea, quae ad proficiscendum pertinent** *Dinge, die zum Aufbruch gehören;* der instrumentale Ablativ kommt vor: **fallendo** *durch Täuschen,* **cohortando** *durch Ermuntern,* **ter-**

ritando *durch Bangemachen*, **parcendo** *durch Sparen*; Abl. + Praep. : **in quaerendo** *beim Suchen* **in metendo** *beim Messen*, **in perdiscendo**, *beim Auswendiglernen*, **in nocendo** *beim Schädigen.*

Neben den Formen des Gerundiums gibt es Formen des Gerundivums, die gleichlautend mit dem Gerundium sind; daher auch der fast gleiche Name, der von spätlateinischen Grammatikern erfunden worden ist. Der Unterschied besteht darin, daß das Gerundium ein Verbal-Substantiv mit aktiver Bedeutung ist, wie wir im Vorhergehenden gesehen haben, während das Gerundivum ein Verbal-Adjektiv mit passiver Bedeutung ist. Von Adjektiven kann man üblicherweise drei Geschlechter bilden und alle Fälle auch im Plural verwenden. So verhält es sich auch beim Gerundivum. **liber legendus** ist *ein Buch, das gelesen wird* oder *gelesen werden muß*, oder einfacher *ein lesenswertes Buch*; **puella amanda** *ein Mädchen, das geliebt wird* bzw. *geliebt werden muß* oder *ein liebenswertes Mädchen*; **templum restituendum** *ein Tempel, der wiederhergestellt werden muß.* Diese Formen können in alle Fälle gesetzt werden, sowohl im Singular als auch im Plural. Der Begriff des Sollens oder Müssens kann, muß aber nicht gemeint sein.

Ehe wir in die Praxis einsteigen, eine wichtige Vorbemerkung. Es gibt zwei Anwendungsmöglichkeiten des Gerundivums: den attributiven Gebrauch und den prädikativen. Der attributive Gebrauch liegt in den o.a. Beispielen vor; **legendus** ist wie ein Adjektiv als Attribut zu **liber** hinzugefügt; oder bei **puella amanda** ist **amanda** genausogut ein Attribut, wie wenn da stünde **puella pulchra**. Bei diesem attributiven Gebrauch ist die Bedeutung des Sollens oder Müssens oft nicht mehr zu spüren.

Hierzu nun Original-Beispiele. I 1,3 spricht Caesar von Luxusartikeln, die sich **ad effeminandos animos** beziehen, wörtlich *auf die zu verweichlichenden Sinne = sie dienen der Verweichlichung der Sinne*; den passiven Unterton spürt man: die Sinne werden verweichlicht, doch der Begriff des Müssens ist nicht zu finden. Ähnlich beim folgenden Ausdruck. Die Helvetier benötigen drei Jahre **ad eas res conficiendas** (I 3, 2) *zur Vollendung dieser Dinge*, oder *um diese Dinge zu vollenden*. Sie sind bereit **ad omnia pericula subeunda** (I 5, 3) *alle Gefahren auf sich zu nehmen*. **spes** + Gen. heißt *Hoffnung auf etwas*; I 18, 9 hat der Häduer Dumnorix **spem regni obtinendi** *Hoffnung auf die zu behauptende Königsherrschaft = Hoffnung, die Königsherrschaft zu bekommen.* Auch **consilium** verbindet sich gern

28

mit dem Gen. III 2, 2 fassen Gallier den Plan **consilium legionis opprimendae** *der zu überfallenden Legion = die Legion zu überfallen*; in einem Chaos wollen römische Soldaten keine Zeit verlieren **in quaerendis suis** (II 21, 6) *bei den zu suchenden Ihrigen = bei der Suche nach ihrer Einheit bzw. Gruppe*. Nach der Nervierschlacht erstatten die Überlebenden Caesar Bericht (II 28, 2) und geben **in commemoranda calamitate** ihre Verluste an *bei dem zu erzählenden Unglück = bei der Schilderung ihres Unglückes*. Bei einem plötzlichen Überfall bleibt keine Zeit **rebus administrandis** (Dat.) *für die auszuführenden Dinge = um die Maßnahmen durchzuführen* (III 4, 1). Caesar fügt dem Gegner Schaden zu **agris vastandis incendiisque faciendis** (V 19, 3) *durch Verwüstung der Felder und durch Brandschatzungen*. In all diesen Beispielen ist das Gerundivum attributiv gebraucht, d.h. wie ein Adjektiv dem Substantiv hinzugefügt.

Daneben gibt es die prädikative Verwendung des Gerundivums. Hier muß ich zur Erklärung etwas weiter ausholen. Vielleicht erinnerst du dich noch an deine ersten Latein-Stunden, in denen du gelernt hast, daß ein Prädikat manchmal aus zwei Wörtern besteht. **magister piger est. magister** ist Subjekt, das Prädikat heißt **piger est**. Dabei ist **piger** das sog. Prädikatsnomen, **est** ist die Kopula. Entsprechend **puer laudandus est**, **puer** ist Subjekt, **laudandus est** ist Prädikat, **laudandus** ist Prädikatsnomen, *der Junge ist ein zu lobender*, hier heißt das *er soll oder muß gelobt werden*. Diesen Gebrauch in der Verbindung mit **est** bzw. einer Form von **esse** nennt man prädikativ; dabei ist der Sinn des Sollens oder Müssens wichtig. Wenn noch eine Person hinzutritt, von der etwas getan werden muß, so steht diese Person im Dativ (Dativus auctoris). **liber legendus est** *das Buch muß gelesen werden*; **liber tibi legendus est** *das Buch muß von dir gelesen werden* oder aktiv *Du mußt das Buch lesen*.

Sequanis ... omnes cruciatus perferendi erant (I 32, 5) *alle möglichen Grausamkeiten waren von den Sequanern zu ertragen* oder *die Sequaner mußten alle möglichen Grausamkeiten ertragen*. **Caesari omnia uno tempore erant agenda** (II 20, 1) *von Caesar mußten alle Dinge gleichzeitig getan werden = Caesar mußte alle Dinge gleichzeitig tun*. **milites revocandi erant** *die Solaten mußten zurückgerufen werden*, **acies instruenda erat** *das Heer mußte zur Schlacht aufgestellt werden*, **milites cohortandi erant** *die Soldaten mußten angefeuert werden*, **signum dandum erat** *das Zeichen mußte gegeben werden*.

Natürlich kannst du alle diese Sätze auch aktiv übersetzen, da dir ja der auctor (Urheber) bekannt ist, nämlich Caesar. **navibus nostris casus erant extimescendi** (III 13, 7) *von unseren Schiffen mußten solche Unfälle gefürchtet werden = unsere Schiffe mußten solche Unfälle fürchten.*

Der prädikative Gebrauch kommt auch im A c I vor. Die Atuatuker sagen zu Caesar **si … statuerit Atuatucos esse conservandos** (II 31, 5) *wenn er* (Caesar) *beschlossen habe, daß die Atuatuker zu Verschonende seien = daß die Atuatuker verschont werden sollten*; **Caesar statuit sibi Rhenum esse transeundum** (IV 16, 1) *Caesar beschloß, daß der Rhein von ihm überschritten werden müsse.* Das Reflexiv-Pronomen **sibi** muß stehen, weil es sich zurückbezieht auf das Subjekt **Caesar**; *sibi* ist hier Dativus auctoris beim Gerundivum. **rationem esse habendam dicunt** (VII 1, 6) *sie sagen, daß Rücksicht genommen werden müsse.* Da hier kein Urheber im Dativ erscheint, übersetzen wir aktiv mit »man«; *sie sagen, man müsse Rücksicht nehmen*; **conclamant occasionem non esse amittendam** (III 18, 5) *sie schrien, man dürfe die Gelegenheit nicht vorbeigehen lassen.*

In allen o.a. Beispielen stehen im Zusammenhang mit dem Gerundivum immer Substantive. Nun gibt es aber auch den Gebrauch des Gerundivums ohne Zusatz, etwa **laborandum est** *man muß arbeiten* oder *es muß gearbeitet werden*; diese Form nennt man unpersönlich (*es* gilt nicht als Person, vgl. es regnet, es ist spät). Diese unpersönlichen Formen kommen bei Caesar sehr oft vor.

Um die folgenden Beispiele besser verstehen zu können, machen wir wieder eine kleine Vorübung. **laborandum est** (ohne Dativus auctoris) *man muß arbeiten*; **magistro** (Dat. auct.) **laborandum est** *der Lehrer muß arbeiten.* Diesen Satz setzen wir nun in den A c I *der Lehrer glaubt, daß er* (er selber) *arbeiten müsse*, **magister sibi laborandum esse putat**.

Noch einmal in Zeitlupe: *der Lehrer glaubt, es müsse gearbeitet werden* **magister putat laborandum esse**; *von wem? von ihm selber* (Reflexiv-Pronomen) **sibi**; der Akk. des A c I steckt in **laborandum** *es sei zu arbeiten.*

Wenn du das noch nicht verstanden hast, mache dir keine allzu großen Sorgen, es kommt nun eine Reihe von Beispielen, an denen du sicher auf die Dauer siehst, wie es gemacht wird.

Caesar glaubte, er müsse handeln = es müsse von ihm gehandelt werden **Caesar sibi agendum esse putavit**. Jetzt kommt der Knüller: in der Praxis fällt oft das Wort **sibi** aus und ebenso gern läßt Caesar **esse** fort. Dann erkennst du manchmal nicht, daß es sich um einen AcI handelt.

In unseren Übungen werde ich dir immer die ausgelassenen Wörter ergänzen, damit du es leichter hast. Noch eine Vorübung. **confligendum est** *es muß gekämpft werden* oder *man muß kämpfen*; **mihi confligendum est** *von mir muß gekämpft werden* oder *ich muß kämpfen*; **Caesari confligendum erat** *von Caesar mußte gekämpft werden* oder *Caesar mußte kämpfen*. Jetzt wird es kriminell. Wie heißt *die Römer mußten kämpfen*? Bilde einfach den Satz um, das wird dann zwar schlechtes Deutsch, aber es hilft zum Verständnis! *von den Römern mußte gekämpft werden*, oder noch deutlicher, *es mußte von den Römern gekämpft werden*, also **Romanis pugnandum erat**. Die Form *es* ist, wie wir oben gesehen haben, unpersönlich und bleibt daher unverändert, ob jetzt von mir oder von dir oder von uns oder von den Römern gekämpft werden muß. Geändert hat sich nur jeweils der Dativus auctoris.

Caesar maturandum sibi existimavit *Caesar glaubte, er müsse sich beeilen*; hier fehlt *esse*; ebenso in den folgenden Sätzen. **sibi praecavendum existimabat** *er glaubte, er müsse sich davor hüten*; **sibi quaerendum aut cogitandum putabant** *sie glaubten, daß sie* (**sibi** gilt für Sg. und Pl. s.o.) *fragen oder denken müßten*. **non cunctandum existimavit** (**sibi** und **esse** fehlen) *er glaubte, nicht zögern zu dürfen*; **maturius sibi de bello cogitandum putavit** *er glaubte, zeitiger* (als sonst) *an Krieg denken zu müssen*; **maturandum sibi censuit** *er meinte, sich beeilen zu müssen*.

Zum Abschluß dieses schwierigen Kapitels will ich dir einige Redensarten bringen, die du auswendig lernen kannst und mit denen du deinen Zitatenschatz bereichern kannst.

Zunächst Gerundium-Formen. **Docendo discimus** *durch Lehren lernen wir*; **gútta cavát lapidém, non ví, sed saépe cadéndo** (achte beim Lesen auf die Akzente! Es handelt sich um einen Hexameter.) *der Tropfen höhlt den Stein aus, nicht durch Kraft, sondern durch häufiges Fallen.* Unser Sprichwort heißt: steter Tropfen höhlt den Stein. **Fama crescit eundo** *das Gerücht wächst im Gehen = Laufen*, d.h. aus einer Mücke wird der sprichwörtliche Elefant. **ridendo dicere verum** *mit Lachen = lächelnd die Wahrheit sagen*; bei Streitigkeiten findet man am Ende einen **modus vivendi** = *Art und Weise des* (Zusammen)*lebens*; man sagt gelegentlich, mit diesem Kompromiß kann man leben; das ist dann ein modus vivendi.

Bismarcks Wahlspruch lautete: **aliis inserviendo consumor** *durch das anderen Dienen werde ich aufgezehrt = ich verzehre mich im Dienst für andere*. Manchmal schrieb er auch **patriae inserviendo consumor** *im Dienste für das Vaterland verzehre ich mich.*

Und nun Ausdrücke mit dem Gerundivum.

Ceterum censeo Karthaginem* **esse delendam** *im übrigen beantrage ich, daß Karthago zerstört werden soll*. Dieser Satz wird dem Marcus Porcius Cato (234–149) in den Mund gelegt, der bei jeder Gelegenheit im Senat diesen Spruch von sich gegeben haben soll.

Quod erat demonstrandum *was zu beweisen war*, wird gern als Schluß unter einen mathematischen Beweis geschrieben. (Darfst du bei deiner nächsten Mathe-Arbeit auch tun, aber bitte nur, wenn deine Aufgabe richtig gelöst ist.)

---

*   Das Wort Karthago haben die Römer gern mit K geschrieben; ebenso das Wort Kalendae; damit ist der erste Tag eines jeden Monats gemeint; das eine Wort ist punisch, das andere griechisch.

32

Mit Horaz darfst du ausrufen: **nunc est bibendum**, wenn du die besagte Mathe-Arbeit sehr gut geschrieben hast: *nun muß man trinken*! Frei übersetzt: darauf kannst du dir einen genehmigen! **De gustibus non est disputandum** *Über Geschmacksfragen läßt sich nicht streiten.* **Disputare** ist hier als wissenschaftliche Beweisführung zu verstehen.

Ût desínt virés, tamen ést laudánda volúntas (achte auch hier auf die Akzente des Hexameters!) *wenn auch die Kräfte fehlen, so ist doch der Wille lobenswert.* **ut** kommt hier in dem selten gebrauchten konzessiven Sinne vor. Wenn in einer Programm-Vorschau N.N. steht, dann heißt das, daß z.Zt. noch nicht feststeht, wer den Part übernimmt. Die Abkürzung bedeutet: **nomen nominandum**; *der Name muß noch genannt werden.*

Bei der Abkürzung PP muß man schon etwas mehr Latein können; **praemissis praemittendis** ist ein Gerundivum in Verbindung mit einem Abl.abs., *nachdem das* (n.pl.) *vorausgeschickt worden ist, was vorausgeschickt werden muß*, d.h. nach den nötigen Vorbemerkungen.

Ähnlich konstruiert ist der Ausdruck **mutatis mutandis** *nachdem das geändert worden ist, was geändert werden muß*, d.h. mit den notwendigen Änderungen.

Auch die Fachsprache der Mathematik enthält zahlreiche Gerundiv-Formen. Ein **minuendus numerus** ist *eine Zahl, die verkleinert werden muß*, ein **subtrahendus numerus** ist *die Zahl, die abgezogen werden muß*, ein **dividendus numerus** *muß geteilt werden.* Auch die Dividende einer Aktien-Gesellschaft muß verteilt werden.

Im Alltagsleben kennst du horrende Dinge, d.h., vor denen man erschaudern muß, ein Konfirmand ist jemand, der gestärkt werden muß, und eine Legende am Rande einer Landkarte zeigt dir, wie die Zeichen in der Landkarte gelesen werden müssen. Vielleicht hilft die Erklärung dieser Fremdwörter dir, in Zukunft das Gerundivum besser zu verstehen.

Text 5   **Auflösen einer Periode**

Hostes ubi et de expugnando oppido et de flumine transeundo spem se fefellisse intellexerunt neque nostros in
locum iniquiorem progredi pugnandi causa viderunt atque ipsos res frumentaria deficere coepit, concilio convocato constituerunt optimum esse domum suam quemque reverti et, quorum in fines primum Romani exercitum introduxissent, ad eos defendendos undique
convenire, ut potius in suis quam in alienibus finibus
decertarent et domesticis copiis rei frumentariae uterentur. (II 10, 4)

fallere, fallo, fefelli, (deceptum) *täuschen*
iniquus, a, um (= **in-aequus**) *uneben, ungünstig*
deficere, deficio, defeci, defectum + Akk. *fehlen, ausgehen, Mangel haben*
reverti, revertor, reverti *zurückkehren*
potius *lieber, eher*
decertare *(um die Entscheidung) kämpfen*
domesticus, a, um *heimisch, häuslich*
uti, utor, usus sum + Abl. *gebrauchen, benützen*

Wenn ein Satz mit der Wortstellung beginnt **hostes ubi**, mußt du den Verdacht haben, daß hier ein N.S. vorliegt und daß **hostes** Subjekt sowohl des N.S. als auch des H.S. ist (Regel: gemeinsames Subjekt wird an den Anfang gestellt.); das gleiche gilt für die Wortstellung **hostes cum, hostes postquam, hostes quod**. **ubi** heißt in der Grundbedeutung *wo*, in schlechtem Deutsch kommst du damit auch zurecht (wo ich das sah = als ich das sah), es kann aber auch Konjunktion sein, dann sagen wir *sobald*.

intellexerunt ist erstes Prädikat des N.S., es folgt **neque**, der N.S. ist also noch nicht zu Ende; **viderunt** ist zweites Prädikat des N.S., danach steht **atque**, welches das zweite Prädikat mit dem dritten verbindet, nämlich **coepit**; da diese Form Sg. ist, muß ein neues Subjekt aufgetaucht sein, das ist **res frumentaria**.

Bei **coepit** ist das Ende des N.S. erreicht, in unserem Text durch ein Komma verdeutlicht (merke: Kommata sind Lesehilfen!), der Hauptsatz beginnt mit einem Abl.abs.; wir haben oben die substantivische Übersetzung geübt: *nach Einberufung einer Versammlung*. Das kann man natürlich so sagen; wir können aber auch einen H.S. daraus machen, damit wir nach so vielen N.S. einen Haltepunkt haben; *sie beriefen eine Versammlung ein und beschlossen bzw. stellten fest*.

Von **constituerunt** hängt ab **optimum esse** *es sei das beste*, davon wiederum hängt der A c I ab **quemque reverti**; das folgende **et** zeigt, daß noch etwas Gleichwertiges angeschlossen wird, nämlich ein zweiter Infinitiv **convenire**; zwischen die beiden Infinitive ist ein Relativ-Satz eingeschoben, nach **convenire** folgt **ut**, d.h. es wird ein weiterer N.S. angeschlossen mit dem Prädikat **decertarent**.

Wir sind aber noch nicht am Ende, denn hinter dem Prädikat folgt **et**, das wiederum zwei gleichwertige Dinge miteinander verbindet; es weist auf **uterentur** hin. Das Gerüst dieses Riesen-Satzes sieht dann so aus: *Sobald die Feinde erkannt hatten … und sahen … und sobald (er, sie, es?) anfing, beschlossen sie, es sei das beste, daß jeder zurückkehre und zusammenkomme, um zu kämpfen … und zu gebrauchen.* Jetzt müssen wir die ausgelassenen Teile nachholen. Bei **intellegere** erwarten wir einen A c I, **spem se fefellisse**. *Sie sahen ein, daß die Hoffnung sie* (nämlich das Subjekt: die Feinde) *getäuscht habe.* Was für eine Hoffnung? Eine doppelte, durch **et … et** ausgedrückt, *sowohl bezüglich der Eroberung der Stadt als auch bezüglich der Überquerung des Flusses.* Die verbale Ausdrucksweise klingt besser: *Hoffnung, die Stadt zu erobern und den Fluß zu überschreiten.*

Auch bei dem nächsten Prädikat **viderunt** steht ein A c I **nostros progredi**, *sie sahen, daß die Unsrigen nicht vorrückten auf das ungünstigere Gelände, um zu kämpfen, und als die Getreideversorgung anfing, ihnen (***ipsos***) zu fehlen* (wir verbessern später die Ausdrücke), *… stellten sie fest, es sei das beste, …*; in dem folgenden A c I ist **quemque** Subjekts-Akk., der Nom. heißt **quisque** *jeder*; das Wort wird »enklitisch« gebraucht, d.h. angelehnt, es steht nur nach bestimmten Wörtern, hier nach **suam**; *daß jeder in seine eigene Heimat zurückkehre und …*, wir können jetzt nicht mit **quorum** fortfahren, sondern müssen im Deutschen erst das Bezugswort bringen, das im Lat. später steht: **eos**; *… und zusammenzukommen zur Verteidigung derjenigen, in deren Gebiet die Römer zuerst ihr Heer geführt hätten*; **ut** … **decertarent et** … **uterentur** kann man sowohl konsekutiv auffassen als auch final; konsekutiv heißt, man drückt die Folge aus (so daß), final bedeutet Absicht (damit). Beides ist denkbar und grammatisch richtig. Ich entscheide mich für finalen Sinn: *damit sie eher in ihrem eigenen Gebiet als in fremdem kämpften und ihre heimischen Getreidevorräte gebrauchen könnten.*

So, das wäre geschafft; ein Satz mit 66 Wörtern. Falls du in der Lage bist, den Text beim Wiederholen ohne Hilfe zu übersetzen, dann kannst du Latein. Wenn nicht, brauchst du nicht zu verzweifeln, wir haben noch genügend Übungsmaterial.

Nun wollen wir uns einige Dinge etwas näher anschauen. Das am Anfang stehende doppelte **et**; man kann sagen: *sowohl … als auch*; in den meisten Fällen klingt das umständlich und unbeholfen. Mein Tip: laß das erste **et** einfach fort und übersetze das zweite mit *und*. Das ist die leichteste Übersetzung. Der Lateiner liebt solche Verdoppelungen, um von vornherein auf die Zweigliedrigkeit hinzuweisen. Wenn dir das Satz-Ungetüm zu lang vorkommt (wir heißen ja schließlich nicht Theodor Fontane oder Thomas Mann), dann kannst du in der Mitte einen Einschnitt machen und ein Semikolon setzen nach: *beriefen sie eine Versammlung ein*; du fährst dann fort: *dabei stellten sie fest, …*; **spes de expugnando oppido** ist eine selten vorkommende Formulierung; meist gebraucht Caesar **spes** mit dem Gen.; es hätte hier auch heißen können **spem expugnandi oppidi et fluminis transeundi**; aber Caesar wollte den Inhalt der Hoffnung wegen der Wichtigkeit ganz nach vorn rücken, und da bot sich der präpositionale Ausdruck an.

Bei **nostros** mußt du immer daran denken, daß Caesar für römische Leser schreibt; die Übersetzung *die Unsrigen* klingt für manche Schüler komisch, weil das Wort in unserer Sprache sonst nicht vorkommt; von mir aus kannst du sagen *die römischen Soldaten*, aber besprich das vorher mit deinem Lehrer, ob er dir diese kleine Freiheit gewährt. **pugnandi causa** haben wir oben geübt. *Des Kämpfens wegen = um zu kämpfen*; hier schlage ich vor *zum Kampf* zu sagen, um bei der Fülle von N.S. einen weiteren Gliedsatz zu vermeiden.

Im letzten Teil des Textes fällt dir der Überblick etwas leichter, wenn du eine kleine Umstellung von Wörtern vornimmst: **convenire ad defendendos eos, in quorum fines Romani** …, Caesar möge uns verzeihen!

Zum Schluß noch einmal die zusammenfassende Übersetzung: *Sobald die Feinde sich in der doppelten* (s.o. **et … et**) *Hoffnung, die Stadt erobern und den Fluß überschreiten zu können, getäuscht sahen, und als sie feststellten, daß unsere Soldaten nicht auf das ungünstigere Gelände zum Kampfe vorrückten und als bei ihnen die Verpflegung allmählich knapp wurde, beriefen sie eine Versammlung ein; dabei beschlossen sie, es sei das beste, wenn jeder in seine Heimat zurückkehre; sie sollten erst wieder von überallher zusammenkommen, um diejenigen zu verteidigen, in deren Gebiet die Römer zuerst einen militärischen Vorstoß machten, damit sie dann lieber in ihrem eigenen Gebiet als im fremden Land kämpfen und sich ihrer heimischen Getreidevorräte bedienen könnten.*

37

Text 6 **Weitere Übungen zum Auflösen einer Periode**

Germanico bello confecto multis de causis Caesar statuit sibi Rhenum esse transeundum; quarum illa fuit iustissima, quod, cum videret Germanos tam facile impelli, ut in Galliam venirent, suis quoque rebus eos timere voluit, cum intellegerent et posse et audere populi Romani exercitum Rhenum transire. (VI 16, 1)

timere, timeo, timui + Dat. *fürchten für etwas, besorgt sein um*
iustus, a, um *berechtigt*

Der erste Satz beginnt wie oft bei Caesar mit einem Abl.abs.; wegen der guten Überschaubarkeit können wir hier einen N.S. bilden. *Als der Krieg gegen die Germanen beendet war* (dieser Kampf hatte linksrheinisch stattgefunden;), *beschloß Caesar aus vielen Gründen, daß der Rhein von ihm* (reflexiv, Dat. auctoris) *zu überschreiten sei = daß er den Rhein überschreiten müsse,* oder einfach, *er beschloß, den Rhein zu überschreiten.*

Vor der weiteren Übersetzung mußt du dir den Aufbau des folgenden klar machen. Nach **quod** steht **cum**, der Satz wird also sofort unterbrochen; das zu **cum** gehörige Prädikat ist **videret** (mit A c I), der Satz **ut … venirent** schließt sich an, bei **suis** wird der oben unterbrochene **quod**-Satz fortgeführt, somit ist **voluit** Prädikat in diesem Satz; hier steht bei **voluit** ein A c I (wir haben das oben schon kennengelernt) weil zwei verschiedene Subjekte da sind; *er* (Caesar) *wollte, daß sie* (die Germanen) *Angst haben.* **suis** ist zur Betonung nach vorn gestellt: *auch um ihre eigenen Dinge.* **quarum** am Anfang ist relativischer Anschluß = **harum**, Bezugswort ist **causis**.

Erster Übersetzungsversuch: *der am meisten berechtigte dieser Gründe war der, weil* (oder *daß*) *er wollte, daß die Germanen auch einmal um ihre eigenen Lebensverhältnisse Angst haben sollten, weil er sah, daß sie so leicht veranlaßt werden, daß sie nach Gallien kommen, weil* (oder *wenn*) *sie feststellten, daß das Heer des römischen Volkes den Rhein sowohl überschreiten könne als auch wage.*

39

Weitere Übungen zum Auflösen einer Periode

Diese Übersetzung ist nur für den verständlich, der auch den lateinischen Text kennt. Die Schwierigkeit liegt in der Reihenfolge der N.S. Im Lateinischen steht der Satz **cum videret** mit Recht vor **voluit**; wir müssen also versuchen, in einer guten Übersetzung diesen Satz nach vorn zu holen. Dabei verzichten wir auf die Übersetzung von **quod** und machen **voluit** zum Hauptprädikat.

*Der am meisten berechtigte Grund war folgender: weil er sah, daß die Germanen so leicht zu veranlassen waren nach Gallien zu kommen, wollte er, daß sie auch einmal um ihr eigenes Leben Angst haben sollten, wenn sie sähen, (**intellegerent**), daß das Heer des röm. Volkes technisch in der Lage sei (**posse**), den Rhein zu überschreiten und es auch (**et … et**) tatsächlich wage.*

Ich weiß, daß du dir in einer Klassenarbeit solche Freiheiten nicht leisten kannst, aber du sollst hier wenigstens erfahren, wie man einen lateinischen Text so wiedergeben kann, daß man ihn auch versteht. Interessant ist übrigens, daß Caesar nie sagt, meine Soldaten oder mein Heer, die Soldaten sind immer Repräsentanten der res publica Romana und wie hier des populus Romanus.

Im nächsten Satz berichtet Caesar, daß sich ein Teil der Germanen, die vorher auf der linken Rheinseite gegen ihn gestanden hatten, auf das rechte Rheinufer zurückgezogen haben. Das muß man wissen, um den folgenden

Text 7 **Oratio obliqua**

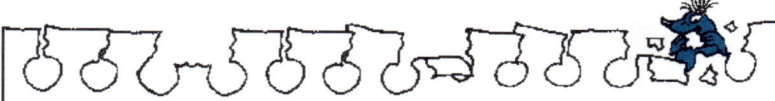

Ad quos cum Caesar nuntios misisset, qui postularent, eos, qui sibi Galliaeque bellum intulissent, sibi dederent, responderunt populi Romani imperium Rhenum finire; si se invito Germanos in Galliam transire non aequum existimaret, cur sui quidquam esse imperii aut potestatis trans Rhenum postularet? (IV 16, 3)

Text zu verstehen. Die rechtsrheinischen Germanen sind die Adressaten im nächsten Satz.

invitus, a, um *unwillig, widerstrebend*, kommt häufig im Abl. abs. vor, z.B. **patre invito** *gegen den Willen des Vaters*

aequus, a, um *eben, gleich, gerecht, billig*

esse + Gen. *hier jemandem unterstehen*

Achte auf die Wortstellung: **ad quos cum Caesar … quos** steht als relativischer Anschluß natürlich vorn, ersetze es durch **hos; cum** steht vor Caesar, d.h. Caesar ist nur im N.S. Subjekt. Hättest du die Stellung **Caesar cum**, dann wäre Caesar Subjekt im H.S. und im N.S., wie wir oben besprochen haben. *Als Caesar Boten zu ihnen geschickt hatte … antworteten sie …*; Boten, **qui postularent** *die fordern sollten*; achte auf den Konjunktiv; *Boten, die forderten*, hieße …, **qui postulabant**; der Inhalt der Forderung ist **eos … sibi dederent**; *sie sollten ihm* (reflexiv = Caesar) *die ausliefern*; **qui sibi Galliaeque bellum intulissent**, *die ihm* (wieder reflexiv = Caesar) *und Gallien den Krieg gebracht hätten*; der Satz **eos sibi dederent** ist unverbunden (asyndetisch), d.h. ohne Konjunktion an **postularent**, angeschlossen. Du hättest es leichter, wenn da stünde **qui postularet ut eos … dederent**. Meistens steht bei Caesar **ut** nach **postulare**.

Du kannst aber an diesem Beispiel sehen, daß der Konjunktiv zum Ausdruck des Begehrens auch ohne **ut** stehen kann. In der Antwort der Germanen hast du wieder eine indirekte Rede, oratio obliqua, die wir oben schon behandelt haben. Zur Erinnerung noch einmal die Regeln: in der oratio obliqua stehen alle Aussage-Sätze (Deklarativ-Sätze) im AcI, alle N.S. im Konjunktiv.

Hier kommt eine neue Regel hinzu: echte Fragesätze, d.h. solche, auf die man eine Antwort erwartet, stehen im Konjunktiv. Rhetorische Fragen sind solche, auf die man keine Antwort erwartet; sie vertreten praktisch Aussage-Sätze und stehen dann im AcI; das kommt aber selten vor.

Antwort der Germanen: *der Rhein begrenze den Herrschaftsbereich des römischen Volkes*; Aufbau des folgenden Satzes: **si aequum non existimaret** *wenn er es nicht für gerecht halte*; von **aequum existimaret** hängt der AcI ab **Germanos … transire** *daß die Germanen hinübergingen*; **se invito** ist Abl. abs. *gegen seinen* (Subjekt ist Caesar, wie bei **aestimaret**) *Willen*; **postulare** kommt hier in der seltenen Verbindung mit AcI vor *beanspru-*

chen; warum beanspruche er dann, daß irgendetwas jenseits des Rheines seiner Befehlsgewalt oder seinem Machtanspruch unterstehe?

Du hast gelernt, daß **quisquam** (*jemand*) und **quicquam** oder **quidquam** (*etwas*) nur in verneinten Sätzen vorkommen; du kennst Verbindungen wie **neque quisquam** *und niemand* oder **neque quicquam** *und nichts*. In unserem Satz steht keine Negation, aber durch die Wahl des Wortes **quidquam** wird ausgedrückt, daß nach Ansicht der Germanen Caesar überhaupt nichts auf dem rechten Rheinufer zu suchen habe. So kann durch die Wortwahl eine politische Stellungnahme ausgedrückt werden.

Zusammenfassende Übersetzung: *Als Caesar zu ihnen Boten geschickt hatte, die die Auslieferung derer fordern sollten, die gegen ihn und Gallien Krieg geführt hatten, antworteten sie, der Rhein sei die Grenze des römischen Herrschaftsbereiches; wenn Caesar es nicht für richtig halte, daß die Germanen gegen seinen Willen nach Gallien hinübergingen, warum beanspruche er dann, daß rechtsrheinische Gebiete seiner Befehlsgewalt oder seinem Machtanspruch unterstünden?*

Der Legionskommandeur Servius Galba, der mit seiner Legion in den Alpen (im heutigen Wallis) überwintern sollte, wird von Galliern angegriffen.

Text 8   **Noch einmal Gerundivum**

Id aliquot de causis acciderat, ut subito Galli belli renovandi legionisque opprimendae consilium caperent: primum, quod legionem, neque eam plenissimam detractis
cohortibus duabus et compluribus singillatim, qui commeatus petendi causa missi erant, absentibus, propter
paucitatem despiciebant; tum etiam, quod propter iniquitatem loci, cum ipsi ex montibus in vallem decurrerent
et tela conicerent, ne primum quidem impetum suum
posse sustineri existimabant. Accedebat, quod suos ab se
liberos abstractos obsidum nomine dolebant, et Romanos
non solum itinerum causa, sed etiam perpetuae possessionis culmina Alpium occupare conari et ea loca finitimae
provinciae adiungere persuasum habebant. (III 2, 2–5)

aliquot (indeklinabel = unveränderlich) *einige*
accidit, ut *es ereignet sich, daß*
opprimere, opprimo, oppressi, oppressum *unterdrücken, überfallen*
detrahere, detraho, detraxis, detractum *abziehen, wegnehmen*
cohors *Kohorte* = 10. Teil einer Legion, ca. 500–600 Mann
singillatim (Adv.) *einzeln*
commeatus, ūs, m. *Lebensmittel, Nachschub*
paucitas, atis f. *geringe Anzahl*
despicere, despicio, despexi, despectum *verachten*
iniquitas, atis f. *Ungunst*
ne – quidem *nicht einmal*
sustinere, sustineo, sustinui *aushalten*
accedere, accedo, accessi, accessum *hinzutreten, hinzukommen*
obsidum nomine wörtl. *mit dem Namen von Geiseln = als Geiseln*
doloere, doleo, dolui *Schmerz empfinden, bedauern*
culmen, culminis n. *Gipfel*
sibi persuasum habere *überzeugt sein*

Es war aus einigen (besser: *mehreren*) *Gründen geschehen, daß die Gallier plötzlich den Plan des zu erneuernden Krieges und der zu überfallenden Legion faßten = … den Plan faßten, den Krieg wieder aufzunehmen und die Legion zu überfallen.*

Beim nächsten Satz können dir die Kommata wieder hilfreich sein. **primum, quod**. *erstens, weil* …; jetzt werden die Gründe genannt, die oben als **aliquot** (*einige* bzw. *mehrere*) bezeichnet werden; **legionem** ist eindeutig Akk., also wohl Objekt; halte Ausschau nach einem Prädikat, zu dem **legionem** Objekt sein kann! Es kommt wohl nur **despiciebant** in Frage; *weil sie die Legion verachteten*; dann verstehst du auch leicht den Zusatz **propter paucitatem** *wegen ihrer geringen Zahl* oder besser: *Stärke*. **neque** hat hier erklärenden Sinn: *und zwar nicht*. Den Superlativ **plenissimam** kann man streng logisch eigentlich nicht bilden; entweder ist etwas voll oder es ist nicht voll; aber im allgemeinen Sprachgebrauch steigern wir im Deutschen auch gelegentlich das Adjektiv; hier übersetzen wir den Superlativ mit: *ganz voll*; die Gallier verachten die Legion, *und zwar die nicht ganz volle*; sie besaß nicht die volle Kampfstärke; warum sie nicht 100% kampfkräftig war, wird durch zwei Abl. abs. erklärt; erstens, **detractis cohortibus** *da zwei Kohorten abgezogen worden waren* (in III 1, 4 ist das erwähnt) und zweitens **compluribus absentibus** *da mehrere Soldaten einzeln abwesend waren*; die Abwesenheit dieser Leute wird durch den Relativ-Satz erklärt, **qui … missi erant**, *die losgeschickt worden waren, um Verpflegung zu besorgen.*

Beim Übersetzen des ganzen Satzes können wir nicht gut alle N.S. beibehalten; ich schlage daher vor: *Erstens, weil sie die Legion wegen ihrer geringen Stärke verachteten; sie war nämlich nicht ganz vollzählig, da zwei Kohorten abgezogen worden waren; außerdem fehlten mehrere Leute, die einzeln losgeschickt worden waren, um Verpflegung zu besorgen.* **tum** heißt in der Aufzählung *zweitens*; Prädikat zu **quod** kann nur **existimabant** sein, da die anderen Verbformen den Konjunktiv aufweisen. Achte auch hier wieder auf die Kommata! *weil sie glaubten*; bei **existimare** mußt du mit einem AcI rechnen **impetum suum posse sustineri** *daß ihr Angriff* (**suum** bezieht sich als Reflexiv-Pronomen auf das Subjekt zurück, also die Gallier) *… ausgehalten werden könne*; jetzt kommt die (steigernde) Verneinung hinzu *daß noch nicht einmal* (**ne primum quidem**) *ihr erster Angriff ausgehalten werden könne.* Begründung für ihre Annahme: **propter iniquitatem loci** *wegen der Ungunst des Geländes.* Diese Ungunst wird durch den **cum**-Satz erläutert: *weil sie selber von den Bergen ins Tal hinunterlaufen und ihre Geschosse schleudern konnten*

Zusammenfassung: *Zweitens, weil sie glaubten, daß die Römer wegen der ungünstigen Situation noch nicht einmal ihren ersten Angriff aushalten könnten, da sie selbst von den Bergen hinunterstürmen und ihre Geschosse von oben schleudern konnten.* Der dritte Grund wird mit **accedebat** eingeleitet. *Hinzu kam …*; Prädikat zum dritten **quod** ist zunächst **dolebant** und später **habebant**; Schmerzen können körperlich oder seelisch empfunden werden; im letzteren Sinne steht der AcI; *sie empfanden es schmerzlich, daß ihnen ihre Kinder als Geiseln weggenommen worden waren*; mit **et** wird das Prädikat **habebant** angeschlossen; auch bei diesem Ausdruck steht der AcI; *weil sie überzeugt waren*; **Romanos … occupare conari et adiungere (conari)**; *…, daß die Römer versuchten, zu besetzen … und hinzuzufügen …*; Objekt zu **occupare** ist **culmina Alpium** *die Alpengipfel*, Objekt zu **adiungere** ist **ea loca** (n. pl.) *dieses Gebiet*; wem hinzufügen? **finitimae provinciae**; jetzt fehlen noch **non solum itinerum causa, sed etiam perpetuae possessionis (causa)**; *nicht nur der Straßen wegen, sondern des dauernden Besitzes wegen.*

46

Bei den **itinera** handelt es sich u.a. um die Paßstraße über den Großen St. Bernhard; wir werden den letzten Teil etwas freier übersetzen, da du die wörtliche Übersetzung wohl verstanden hast. *Hinzu kam drittens* (vgl. oben: **primum, quod** …, **tum etiam, quod** …, **accedebat, quod** …), *weil sie Schmerz darüber empfanden, daß die Römer ihnen ihre Kinder als Geiseln weggenommen hatten; sie waren viertens der Überzeugung, daß die Römer die Alpengipfel nicht nur zur Freihaltung der Paßstraßen besetzen wollten, sondern auch versuchen würden, diese Gebiete als dauernden Besitz der benachbarten Provinz einzuverleiben.*

Da wir inzwischen so viele Gerundiva übersetzt haben, wollen wir uns aus diesem Kapitel zwei Ausdrücke näher anschauen.

consilium belli renovandi legionisque opprimendae; die Gen. sind ursprünglich so zu verstehen: **consilium renovandi** (Gerundium) *der Plan des Erneuerns*; was? **bellum** *den Krieg*; es dürfte durchaus heißen: **consilium renovandi bellum**; *der Plan des den Krieg Erneuerns*; nur sagen das die meisten Schriftsteller nicht; der Akk. **bellum** wird an den Gen. des Gerundiums angeglichen, dadurch wird aus der Gerundium-Form ein Gerundivum, das attributiv verwendet wird (s.o.) **consilium belli renovandi**. Beim nächsten Beispiel kannst du es deutlicher sehen. **consilium opprimendi** *der Plan des Überfallens*; wen? **legionem; consilium opprimendi**

legionem ist korrektes Latein, nur wird die Umwandlung vorgezogen: der Gen. wird beibehalten, aber aus **legionem** (Objekt) wird durch Kasus-Angleichung **legionis**, aus dem Gerundium wird attributives Gerundivum; Ergebnis: **consilium legionis opprimendae**.

Wenn du das nicht verstanden hast, gräme dich nicht, es ist ein bißchen kompliziert; die Hauptsache ist, daß du solche Ausdrücke richtig übersetzen kannst: *der Plan, den Krieg zu erneuern und die Legion zu überfallen.* Genug damit für heute!

Zusammenfassende Übersetzung: *Daß die Gallier plötzlich den Plan faßten, den Krieg wieder aufzunehmen und die Legion zu überfallen, war aus mehreren Gründen geschehen: erstens verachteten sie die Legion wegen ihrer geringen Stärke; sie war nämlich nicht ganz vollzählig, da zwei Kohorten abgezogen worden waren; außerdem fehlten mehrere Leute, die einzeln losgeschickt worden waren, um Verpflegung zu besorgen. Zweitens glaubten sie, daß die Römer wegen der ungünstigen Lage noch nicht einmal ihren ersten Angriff aushalten könnten, da sie selbst von den Bergen herabstürmen und ihre Geschosse von oben schleudern konnten. Drittens empfanden sie es schmerzlich, daß man ihnen ihre Kinder als Geiseln weggenommen hatte. Viertens waren sie davon überzeugt, daß die Römer die Alpengipfel nicht nur zur Freihaltung der Paßstraßen besetzen wollten, sondern auch versuchen würden, diese Gebiete als dauernden Besitz der benachbarten Provinz einzuverleiben.*

Nach diesem schwierigen Kapitel etwas zum Erholen; dabei gibt es wieder Tips, wie man mit einem Abl. abs umgehen kann.

Text 9 **Noch einmal Abl.abs.**

His nuntiis acceptis Galba, cum neque opus hibernorum munitionesque plane essent perfectae neque de frumento reliquoque commeatu satis esset provisum, quod deditione facta obsidibusque acceptis nihil de bello timendum existimaverat, consilio celeriter convocato sententias exquirere coepit. (III 3, 1)

hiberna, hibernorum n. *Winterlager*
plane Adv. *vollständig*
providere, provideo, providi, provisum + Akk. *vorhersehen*, + Dat. *sorgen für*; hier mit **de** *Vorsorge treffen bzgl.*
deditio, onis f. *Übergabe*
exquirere, exquiro, exquisivi, exquisitum *sich erkundigen, fragen nach*

His nuntiis acceptis Galba … ist ein typischer Kapitelanfang. Du kannst zunächst übersetzen *nachdem diese Nachrichten erhalten worden waren, hat Galba* …; du siehst aber bald aus dem Zusammenhang, von wem die Nachrichten empfangen worden waren, und dann darfst du aktivisch sagen *nachdem Galba diese Nachrichten erhalten hatte,* …; nach Nennung des Subjektes Galba wird der Satz sofort unterbrochen durch einen **cum**-Satz, der zwei Prädikate hat: **essent perfectae** und **esset provisum**; es folgt ein mit **quod** eingeleiteter N.S., dessen Prädikat **existimaverat** heißt. Bleibt also **coepit** als Prädikat des H.S.; diese Wortstellung hast du schon in deinen ersten Latein-Stunden kennengelernt, daß das Subjekt vorn steht und das Prädikat ganz am Schluß; hier siehst du diese Regel in Reinkultur.

Es empfiehlt sich nun, mit dem H.S. anzufangen; **Galba** *begann* **sententias exquirere** *die Meinungen auszuforschen*; **concilio convocato** werden wir, nach dem, was wir oben besprochen haben, sofort im Aktiv sagen *nachdem er einen (Kriegs)rat einberufen hatte*; aus dem Kontext ergibt sich, wessen Meinungen er hören wollte; natürlich die seiner Offiziere; das steht nicht wörtlich da, aber du sollst eine Vorstellung davon haben, wer denn wohl an diesem **consilium** teilgenommen hat. Deshalb habe ich auch **consilium** mit *Kriegsrat* wiedergegeben.

Jetzt nehmen wir uns die N.S. der Reihe nach vor. **cum** + Konjunktiv kann temporal und kausal gemeint sein, **quod** dagegen nur kausal; daher wollen wir **cum** temporal auffassen. *Als weder der Bau des Winterlagers und die Umwallung vollständig fertiggestellt waren noch Vorsorge getroffen worden war hinsichtlich des Getreides und sonstiger Lebensmittel*; **quod** begründet, warum das alles noch nicht fertig war; *weil er geglaubt hatte, er brauche bezüglich eines Krieges nichts zu befürchten* (das Gerundivum müßte vollständig heißen **nihil sibi** … **timendum esse existimaverat**).

Jetzt fehlt noch die Erklärung, warum er keine Befürchtungen hatte. Diese Erklärung enthalten die beiden Abl. abs. **deditione facta** und **obsidibus ac-**

50

ceptis *weil die Übergabe vollzogen und die Geiseln übernommen worden waren.* Bei einer guten deutschen Übersetzung können wir nicht alle N.S. stehen lassen. Wir werden nicht nur die Abl. abs. substantivisch übersetzen, sondern uns auch noch andere Freiheiten leisten, z.B. aus N.S. sinngleiche H.S. formulieren.

Aber vor der freieren Übersetzung will ich erst die wörtliche bringen, dann magst du selbst entscheiden, ob wir das stehen lassen können oder nicht. Wörtlich: *Nachdem diese Nachrichten empfangen worden waren, als weder der Bau und die Umwallung des Winterlagers vollständig fertiggestellt waren noch genügend Vorsorge getroffen worden war hinsichtlich des Getreides und sonstiger Lebensmittel, weil er, nachdem die Übergabe vollzogen und die Geiseln übernommen worden waren, geglaubt hatte, daß er bezüglich eines Krieges nichts zu befürchten habe, begann Galba, nachdem er schnell einen Kriegsrat einberufen hatte, nach den Meinungen zu fragen.*

Und nun die freiere Form. *Als Galba diese Nachrichten erhalten hatte, berief er sofort einen Kriegsrat ein; zu diesem Zeitpunkt waren der Bau und die Umwallung des Winterlagers noch nicht vollständig fertig; ebenso wenig war für genügend Getreide und andere Lebensmittel gesorgt worden. Galba hatte nämlich geglaubt, er brauche nach vollzogener Übergabe und Übernahme der Geiseln keinen Krieg mehr zu fürchten; in dieser Besprechung nun begann er, seine Offiziere nach ihrer Meinung zu fragen.*

Jetzt einige Übungen zum Abl. abs.; wenn ein Kapitel wie oben beginnt **His nuntiis acceptis Galba** …, darfst du sofort aktiv übersetzen *nachdem Galba diese Nachrichten erhalten hatte* …; aus dem Satzaufbau geht hervor, daß Galba der Empfänger ist; das wollen wir nun an weiteren Beispielen üben; dabei spielt der Zusammenhang keine Rolle. **Armis obsidibusque acceptis Crassus** …, *als Crassus die Waffen und die Geiseln bekommen hatte,* …; **hac re perspecta Crassus** …, *als Crassus das durchschaut hatte,* …; **Qua consuetudine cognita Caesar** …, *weil Caesar diese Gewohnheit kennengelernt hatte = kannte* …; **principibus Galliae evocatis** ... **Caesar** …, *nachdem Caesar die gallischen Fürsten zu sich hatte rufen lassen,* …; **quibus rebus cognitis principes Britanniae** …, *als die britannischen Fürsten das erkannt hatten,* …; **his rebus constitutis Caesar** …, *nachdem Caesar die Maßnahmen beschlossen hatte* …

Zu **his** eine Schlußbemerkung; ich habe immer wieder, sogar in Abiturprüfungen, erlebt, daß Schüler dieses Wort mit dem englischen Possessiv-Pronomen verwechseln, weil sie es falsch aussprechen. Sprich bitte das lateinische Wort mit einem ganz langen i (**hiiiis**)! Dann kann dir ein solcher Fehler nicht passieren.

Text 10 Koordinieren, unpersönliches Passiv, Dat.finalis

Quo in consilio, cum tantum repentini periculi praeter opinionem accidisset ac iam omnia fere loca superiora multitudine armatorum completa conspicerentur neque subsidio veniri neque commeatus supportari interclusis itineribus possent, prope iam desperata salute nonnullae eius modi sententiae dicebantur, ut impedimentis relicitis eruptione facta isdem itineribus, quibus eo pervenissent, ad salutem contenderent. (III 3, 2 + 3)

Vokabeln werden **suo loco**, d.h. da, wo sie vorkommen, angegeben.

Dieser Satz ist wieder einmal ein »Bandwurm«, eine Periode, die 51 Wörter umfaßt; aber du hast ja schon ein bißchen Ahnung, wie man einem solchen Ungetüm beikommen kann. Keine Angst, wir werden den Aufbau gemeinsam durchschauen.

Die Einleitung zeigt einen relativischen Anschluß, den du schon kennst. Denke einfach **Hōc** (mit langem **ō**) **in consilio**! Das Komma danach zeigt dir, daß der Satz unterbrochen wird; **cum** leitet einen N.S. ein. Beim Lesen (**in legendo** würde der Lateiner sagen) findest du das im Konjunktiv stehende Prädikat **accidisset**; es folgt **ac = atque = et**, es wird noch ein zweites Prädikat angeschlossen, nämlich **conspicerentur; neque** schließt ein drittes Prädikat (**possent**) an, so daß der unterbrochene Satz erst mit **prope** wiederaufgenommen wird. Du kennst **prope** als Präposition mit dem Akk.; der ist hier aber nicht vorhanden; **prope** ist auch ein adverbieller Ausdruck und heißt dann *beinahe*; dann gehört es mit dem nachfolgenden Ausdruck zusammen **prope iam desperata salute** *als beinahe schon an der Rettung verzweifelt worden war* (Abl.abs.); dann ergibt sich, daß der H.S. bei **nonnullae** beginnt. Aufgrund der Kongruenz (s.o.) verbindest du **nonnullae** mit **sententiae** und hast damit das Gerüst des Satzes. Schema: **Quo in consilio, cum** … **accidisset ac** … **conspicerentur neque** … **possent,** … **nonnullae sententiae dicebantur**. *In diesem (Kriegs)rat* (s.o.), *als* … 1. Prädikat *und* 2. Prädikat … *und nicht* … 3. Prädikat, … *wurden einige Meinungen gesagt*. Was für Meinungen? **eius modi, ut** …; *Meinungen von der Art, daß* …; wir haben den ganzen Satz noch nicht verstanden, aber so viel ist klar, daß der **ut**-Satz den Inhalt der Meinungen wiedergibt, die in dem Prädikat **contenderent** enden. *Sie sollten eilen*.

Wir zäumen jetzt einmal das Pferd vom Schwanz her auf, d.h. wir beginnen mit dem letzten Teil. Wohin sollen sie eilen? **ad salutem**, *zum Heil oder zur Rettung*. Auf welche Art oder auf welchem Wege? **isdem itineribus** *auf denselben Wegen*. **quibus eo pervenissent** *auf denen sie dorthin gekommen seien*. Damit ist der wichtigste Inhalt des Satzes erkannt. Es bleiben noch zwei Abl. abs. **impedimentis** (Gepäck) **relictis** und **eruptione** (Ausbruch) **facta**. Das übersetzen wir mit substantivischem Ausdruck *unter Zurücklassung des schweren Gepäcks nach einem (gemachten) Ausbruch*.

Nachdem wir uns den letzten Teil klar gemacht haben, wenden wir uns den ausgelassenen N.S. zu. Ob wir das am Anfang stehende **cum** mit *als* oder *weil* übersetzen, können wir noch nicht entscheiden. Ein Tip, auch für Klassenarbeiten: sage zunächst immer *als*, das kann nie falsch sein; wenn du später siehst, daß die Zeitangabe nicht so gut ist, daß vielmehr ein Grund angegeben wird, kannst du immer noch *weil* sagen; *als* ist neutral, mit *weil* legst du dich zu früh fest (mehr dazu s.u.).

repentini periculi ist ein Gen. partitivus (Teilungsgen.), der von **tantum** abhängt *so viel der plötzlichen Gefahr = eine so große plötzliche Gefahr*; wenn etwas **praeter opinionem** geschieht, dann ist es *an der Meinung bzw. Erwartung vorbei* geschehen, d.h. *entgegen der Erwartung oder wider die Erw.*; erster N.S. *Als eine so große Gefahr wider Erwarten plötzlich entstanden war*; zweiter N.S. *und als schon fast alle höher gelegenen Stellen von einer Menge Bewaffneter angefüllt erblickt wurden = und als man sah, daß schon fast alle Höhen von zahlreichen Bewaffneten besetzt waren, …*; **subsidio** ist Dat. finalis; du solltest dir den Ausdruck **subsidio venire** einprägen, da er bei Caesar häufig vorkommt *zu Hilfe kommen*; nun steht hier **veniri**, das ist kein Druckfehler. Kann man denn von **venire** überhaupt ein Passiv bilden? Ja, man kann, wie du siehst; aber wie heißt das denn auf Deutsch? Wir übersetzen mit *man*; weiter unten erkläre ich es dir ausführlich.

Nach **veniri** müßte eigentlich **posset** (Sg.) stehen, *weil nicht zu Hilfe gekommen werden konnte*, diese Form ist aber ausgelassen worden, weil kurz danach die Pluralform **possent** erscheint und **posset** neben **possent** nicht gut klingt. Der Plural muß aber stehen, weil hier ein neues Subjekt aufgetaucht ist **commeatūs**. Der Abl. abs. **interclusis intineribus** enthält die Begründung, warum kein Nachschub zu erwarten sei, *weil die Wege abgeschnitten waren*. Dritter N.S. *Als man nicht zu Hilfe kommen konnte und als kein Nachschub herangebracht werden konnte, da die Wege abgeschnitten worden waren.*

Versuchen wir nun eine zusammenfassende Übersetzung. *Als eine so große Gefahr plötzlich wider Erwarten entstanden war und man schon fast alle Höhen von zahlreichen Bewaffneten besetzt sah, da ferner infolge der blockierten Wege Hilfe und Nachschub nicht gebracht werden konnten, verzweifelte man beinahe an der Rettung (Abl. abs. = H.S.); da wurden in dem Kriegsrat einige Meinungen der Art gesagt, man solle unter Zurücklassung des schweren Gepäcks nach einem Ausfall auf denselben Wegen, auf denen man hierhergekommen sei, die Rettung suchen.*

55

An dieser Stelle muß ich einige Erläuterungen nachholen. Zunächst wollen wir den Fachausdruck »koordinieren« untersuchen; du weißt aus dem Unterricht, daß das Wort beiordnen oder nebenordnen heißt. Dieses Beiordnen wird meist so angewandt, daß man aus einer Partizipial-Konstruktion einen Hauptsatz macht und diesen mit einem anderen H.S. durch *und* verbindet. Beispiel **iussus arma abicere imperatum facit** *er wurde aufgefordert, die Waffen wegzuwerfen, und er führte diesen Befehl aus.* Für viele Schüler bedeutet koordinieren dasselbe wie einen Hauptsatz bilden; das ist so nicht ganz richtig; koordinieren bedeutet eigentlich nur beiordnen. In den meisten Fällen vollziehen wir diese Beiordnung zwar zu einem Hauptsatz, und dadurch sind viele der Meinung, koordinieren sei nur ein anderes Wort für Hauptsatz-Bilden; das ist in dieser Form nicht ganz richtig; beiordnen kann man auch innerhalb eines Nebensatzes.

Wir wollen aus dem o.a. Beispiel einen Nebensatz machen und trotzdem beiordnen; das sieht dann so aus: **cum iussus arma abicere imperatum faceret, captus est**. *Als er aufgefordert worden war, die Waffen wegzuwerfen und dem Befehl nachkam, wurde er gefangen genommen.* Auch hier haben wir koordiniert, aber keinen H.S. gebildet. Koordinieren heißt also auf die gleiche Stufe stellen. Wenn man innerhalb eines N.S. koordiniert, wird natürlich ein zweiter N.S. daraus. Man bringt also die Teile auf die gleiche Ebene.

Kehren wir nun zu unserem Text zurück. In dem Aufforderungssatz **ut … ad salutem contenderent** stehen zwei Abl. abs., den Sinn kennen wir, sie sollen, nachdem das schwere Gepäck zurückgelassen und ein Ausfall gemacht worden sei, ihr Heil suchen. Jetzt wenden wir hier die Möglichkeit des Koordinierens an: *sie sollten das Gepäck zurücklassen, einen Ausfall machen und dann zur Rettung eilen = ihr Heil suchen.*

Ein kleiner Kommentar noch zum Inhalt; die römischen Soldaten hatten sich auf einen längeren Aufenthalt im Winterlager eingerichtet und allerlei Gegenstände in ihre Unterkünfte gebracht, die in den langen Wintermonaten nützlich waren, die aber bei einem Kampf ein Hindernis bedeuteten. Nun sollten sie nur das nackte Leben retten und alles Überflüssige im Lager zurücklassen.

Nun wollen wir uns auch noch einmal die Übersetzung von **cum** ansehen; ich riet dir oben schon, zunächst *als* zu sagen, weil das immer paßt. *Weil* dagegen paßt nur in ganz bestimmtem Zusammenhang.

56

Ein Beispiel: Als draußen Schnee lag, fuhren wir langsam. Der Satz ist richtig: du findest aber sicher die Formulierung besser: weil draußen Schnee lag, fuhren wir langsam; ein anderes Beispiel: Als wir in Salzburg ankamen, regnete es. Der Satz ist in Ordnung; weil wir in Salzburg ankamen, regnete es, ist Unsinn. Daran wollte ich dir zeigen, daß du bei der Übersetzung von **cum** zunächst vorsichtig sein mußt. Die Zeitangabe (*als, nachdem*) ist nie falsch; erst wenn du den ganzen Satz verstanden hast, kannst du prüfen, ob vielleicht ein Grund vorliegt und du besser *weil* sagst. Zu deiner Beruhigung: manchmal kann man beides sagen, und es ist dann eine Geschmacksfrage, ob man *als* oder *weil* sagt.

Zum Schluß dieses Abschnittes noch ein paar Worte zum Passiv von **venire**. Wir haben es im Text mit *man* übersetzt, und das empfiehlt sich auch in ähnlichen Fällen. Trotzdem lohnt es eine nähere Betrachtung. Von laufen gibt es deiner Meinung nach sicher kein Passiv, und doch existieren solche Formen; in manchen Schulen ist das Laufen auf den Fluren verboten, weil der Boden glatt ist. Jetzt weist ein Aufsicht führender Lehrer einen Schüler zurecht mit den Worten: »Hier wird nicht gelaufen!« Das ist die 3. Person Singular im Präsens Passiv. Zur Vollständigkeit müßte noch das Pronomen es hinzugefügt werden, dann hättest du die Form: es wird (nicht) gelaufen. Eine solche Form nennt man unpersönlich, weil *es* als Neutrum keine Person meint. Du kannst hier nicht er oder sie sagen. Solche unpersönlichen Passiv-Formen gibt es von zahlreichen Verben, die kein persönliches Passiv bilden können. Persönlich heißt, man kann mit allen Personen die Form bilden, etwa ich werde gerügt, du wirst gelobt, er wird geliebt, wir werden unterrichtet, ihr werdet bewundert, sie werden erinnert. Beispiele für unpersönliches Passiv: es wird gelacht, es wird gearbeitet, es wird gemogelt. In den meisten Fällen wird das Pronomen es fortgelassen, so daß du nur hörst: Hier wird nicht gemeckert, hier wird gehorcht! So viel zum unpersönlichen Passiv, das du in **veniri** kennengelernt hast.

Zur Übung einige andere Formen. **ventum est** (häufig auch bei anderen Schriftstellern) *es ist gekommen worden = man kam*; an der Endung **-um** siehst du, daß es als Neutrum aufgefaßt wird; **perventum est** *man gelangte*; **concursum est** *man lief zusammen*; **consurgitur** *man erhebt sich*; **pugnatum est, ut pugnari debuit** *es ist gekämpft worden, wie gekämpft werden mußte = man kämpfte, wie es sich gehörte*; **trepidatur** *man läuft ängstlich hin und her*; **contendi convenit** *es schickt sich, daß man sich anstrengt = man muß sich anstrengen*; **accessum est** *man kam heran*; **certior factus est**

in hiberna perventum esse (Verwechsle das Wort nicht mit **ventus** *der Wind*!) *Er erhielt die Nachricht, man sei im Winterlager angekommen*; **iri oportet** *man muß gehen*; später werden wir die Form **iri** wieder antreffen beim A c I des Futurums im Passiv.

Und hier einige Beispiele zum Dat. finalis; **res, quae ad bellum usui sunt** *Dinge, die für den Krieg von Nutzen = nützlich sind*; **haec** (n. pl.) **mihi curae sunt** *das gereicht mir zur Sorge = das ist meine Sorge*; **praesidio castris** *zum Schutz für das Lager*, **subsidio mittere** *zu Hilfe schicken*, **sibi ipsi impedimento esse** *sich selbst im Wege stehen*, **hoc mihi non detrimento esse oportet** *das darf mir nicht zum Schaden gereichen*, **Gallis brevitas nostra contemptui est** *den Galliern gereicht unsere geringe Größe zur Verachtung = die Gallier verachten uns wegen unserer geringen Größe*, **documento esse** *zum Beweis dienen*, **mihi cordi est** *es liegt mir am Herzen*, **maximae opportunitati esse** *sehr vorteilhaft sein*, **receptui canere** *zum Rückzug blasen*.

Maiori tamen parti placuit hoc reservato ad extremum consilio interim rei eventum experiri et castra defendere. (III 3, 4)

Mit diesem Satz wollen wir das Kapitel beschließen, damit du weißt, wie die Beratung ausgegangen ist. **placet mihi** *es gefällt mir = ich beschließe*; bei der Übersetzung des Abl. abs. wollen wir die oben gelernte Verwendung des Koordinierens üben, der Abl. abs. steht innerhalb einer Infinitiv-Konstr.; wir werden ihn also als Infinitiv koordinieren. *Dennoch beschloß der größere Teil (= die Mehrheit), diesen Plan für den äußersten Notfall aufzuheben, in der Zwischenzeit den Ausgang der Sache abzuwarten und das Lager zu verteidigen.*

Text 11   **Indefinit-Pronomen**

Der folgende Text handelt von Caesars erster Fahrt nach Britannien

Exigua parte aestatis reliqua Caesar, etsi in his locis, quod omnis Gallia ad septentriones vergit, maturae sunt hiemes, tamen in Britanniam proficisci contendit, quod omnibus fere Gallicis bellis hostibus nostris inde subministrata auxilia intellegebat et, si tempus ad bellum gerendum deficeret, tamen magno sibi usui fore arbitrabatur, si modo insulam adisset, genus hominum perspexisset, loca portus aditus cognovisset; quae omnia fere Gallis erant incognita. (IV 20, 1 + 2)

exiguus, a, um *klein*
septentriones m. pl. *das Siebengestirn = Norden*
vergere, vergo – *sich neigen, sich erstrecken*
maturus, a, um *reif, zeitig*
subministrare *zukommen lassen, verschaffen*
fore = Inf. Fut. statt *futurum esse*
arbitrari, arbitror, arbitratus sum *meinen, glauben*
modo *nur*

Zur Einleitung steht, wie so oft, ein Abl. abs.; hier findest du jedoch kein Partizip, sondern ein Adjektiv (**reliqua**) neben dem Substantiv; denke dir statt dessen die Form **relicta**, dann hast du den dir bekannten Sachverhalt; *als ein kleiner Teil des Sommers übrig war.*

Der Aufbau des Satzes ist hier etwas anders als in den früheren Beispielen; der H.S. steht nicht so weit am Ende; wenn du beim Lesen das Wort **etsi** siehst, kannst du anschließend ein **tamen** erwarten; mit diesem Wort beginnt der H.S.; **loca** ist n. pl., wir gebrauchen im Deutschen lieber den Singular *Gegend*. *Wenn auch in dieser Gegend die Winter zeitig sind, weil ganz Gallien sich nach Norden neigt, beeilte Caesar sich dennoch, nach Britannien zu fahren.* Wenn wir jetzt den einleitenden Abl. abs. im Zusammenhang betrachten, stellen wir fest, daß diese Zeitangabe wohl auch in einem konzessiven Verhältnis zum H.S. steht, d.h. wir dürfen übersetzen *obwohl (nur noch) ein kleiner Teil des Sommers übrig war* oder *obwohl der Sommer schon bald zu Ende ging*; den N.S. **etsi** … **vergit**, schließen wir mit *und* an (s.u.); der Satz **quod** … **intellegebat** bringt die Begründung für das geplante Unternehmen.

Bei **intellegere** erwartest du einen AcI, du mußt hier **esse** ergänzen, um ihn richtig zu verstehen! Caesar läßt oft solche »Selbstverständlichkeiten« aus, wie wir oben schon beim Gerundivum gesehen haben. *Weil er feststellte, daß in fast allen Kriegen unseren Feinden von dort* (d.h. von Britannien aus) *Hilfstruppen zur Verfügung gestellt worden waren.*

Zusammenfassende Übersetzung: *Obwohl der Sommer schon bald zu Ende ging und der Winter in dieser Gegend im allgemeinen (= Übersetzung des Plurals) zeitig kommt, weil ganz Gallien sich nach Norden erstreckt, beeilte sich Caesar dennoch, nach Britannien überzusetzen, weil er feststellte, daß in fast allen gallischen Kriegen unseren Feinden von dort Hilfstruppen geschickt worden waren.*

60

Wir beginnen nun mit **et** einen neuen Satz; bei **arbitrari** steht ein A c I, dieses Mal mit der Form **fore**; das ist die Kurzform für **futurum esse; magno usui** ist Dat. finalis (*zum Nutzen*), das Reflexiv-Pronomen **sibi** muß stehen, weil es sich zurückbezieht auf das Subjekt Caesar; der Konjunktiv **deficeret** im **si**-Satz erklärt sich daraus, daß dieser N.S. als zum A c I gehörig betrachtet wird, daß er also den Regeln der indirekten Rede unterliegt; und in der oratio obliqua stehen, wie wir oben gesehen haben, alle N.S. im Konjunktiv.

Und wenn auch die Zeit zum Krieg führen fehle, so glaubte er dennoch, daß es für ihn von großem Nutzen sein werde, wenn er nur auf der Insel gelandet sei, den Menschenschlag kennengelernt und die Gegend, Häfen und Zugangsmöglichkeiten ausgekundschaftet habe. Das alles war den Galliern so gut wie unbekannt.

modo hat viele Bedeutungen; hier ergibt sich aus dem Text das einschränkende *nur*; Caesar will (nach seinen eigenen Angaben) keinen Krieg führen, sondern sich nur einen Überblick verschaffen. **adire** heißt in diesem Zusammenhang *landen*; **genus hominum** haben wir mit *Menschenschlag* übersetzt; **quae** im letzten Satz ist relativischer Anschluß, den du schon kennst; denke statt dessen: **haec** (n.pl.) **omnia**! Caesar hat offenbar von den Festlandsgalliern mehr erfahren wollen; aber da diese nicht viel über Britannien wußten, beschloß er, sich dieses Land selber anzuschauen, immerhin wußte er, daß Britannien eine Insel ist (s.o. **insulam**).

Zu **quisquam** und **quidquam**: wir haben diese Wörter in einem früheren Kapitel bereits gesehen; wenn du sie behalten hast, kannst du die nächsten Zeilen überschlagen; wenn nicht, lies sie aufmerksam durch und trage sie dann in dein Merkheft ein. Sie sind außerordentlich wichtig, und von der richtigen Übersetzung hängt oft der ganze Sinn eines Satzes ab.

quisquam heißt genau wie **aliquis** irgendjemand, steht aber nur in verneinten bzw. verneint gedachten (s.o.) Sätzen. Das hast du sicher früher im Unterricht kennengelernt. Merke dir hier nochmals die festen Verbindungen **neque quisquam** *und niemand*, **neque quidquam** (oder **quicquam**) *und nichts*, **vix quisquam** *kaum jemand = so gut wie niemand*.

Um **illo** besser verstehen zu können, erinnere dich an **eo**, das *dorthin* heißen kann (Merksatz: **cum eo eo eo** *ich gehe mit ihm dorthin*); **illo** ist ungefähr gleich **eo** *dorthin*; **temere** kommt nur als Adverbium vor, das zugehörige Adjektiv lautet *temerarius*; die Verbindung von **neque** mit **enim** können wir im Deutschen nicht nachmachen; *und nämlich nicht* klingt unmöglich. Wir müssen das anknüpfende *und* weglassen.

Denn abgesehen von Kaufleuten geht (= fährt) niemand aufs Geratewohl (**temere**) *dorthin, und den Händlern* (**his ipsis** = diesen selbst) *ist nichts bekannt außer der Küste und den Landstrichen, die Gallien gegenüber liegen.*

Text 12 **Indirekte Fragesätze**

Itaque evocatis ad se undique mercatoribus, neque quanta esset insulae magnitudo neque quae aut quantae nationes incolerent neque quem usum belli haberent aut quibus institutis uterentur neque qui essent ad maiorem navium multitudinem idonei portus, reperire poterat. (IV 20, 4)

evocare = *convocare*
usus belli *Kriegserfahrung*
institutum, i n. *Einrichtung, Brauch*
idoneus, a, um *geeignet*
reperire, reperio, repperi, repertum finden *(durch Suchen) erfahren*

Du mußt, wie immer, vor dem Übersetzen den ganzen Satz durchlesen. Prädikat (+ Subjekt) ist das letzte Wort **poterat** *er konnte.* Wenn das Subjekt nicht ausdrücklich genannt ist, kannst du davon ausgehen, daß Caesar gemeint ist.

Bei Übersetzung des Abl. abs. haben wir oben geübt, daß das deutsche Aktiv besser klingt als das lat. Passiv; da Caesar Subjekt des ganzen Satzes ist, ist er wohl auch für die Zusammenkunft der Kaufleute zuständig; wir machen aus dem Abl. abs. einen aktiven H.S. *Caesar ließ deshalb von überall her die Kaufleute zusammenrufen.*

Im folgenden Text sind dir sicher neben dem viermaligen **neque** die vielen Wörter aufgefallen, die mit **qu** anfangen: **quanta, quae, quantae, quem, quibus, qui**; außerdem siehst du in jedem Teilsatz den Konjunktiv; den versteht man erst, wenn man **reperire** übersetzt hat, *er konnte nicht herausfinden*; was er nicht herausfinden konnte, steht in den fünf kleinen Sätzen, die alle indirekte Fragesätze sind; daher der Konjunktiv. Ich habe bereits aus mehrfachen **neque** die Verneinung herausgeholt und nach vorn gestellt.

Er konnte also nicht herausfinden, 1. wie groß die (Größe der) Insel sei, 2. welche oder wie große Volksstämme sie bewohnten = welche Volksstämme sie bewohnten und wie groß die seien, 3. welche Kriegserfahrung sie hätten oder was für Einrichtungen (s.u.) sie besäßen, 4. welche Häfen geeignet seien für eine größere Menge von Schiffen = eine größere Zahl von Schiffen aufzunehmen.

instituta (n. pl.) ist hier nicht eindeutig zu übersetzen; ich habe die Grundbedeutung gewählt, es kann aber auch heißen *Sitten und Gebräuche, Gewohnheiten, Grundsätze*; all das kann gemeint sein; mit *Einrichtungen* ist ein allgemeiner Ausdruck gewählt, der nach verschiedenen Seiten hin interpretiert werden kann.

Mit dem nächsten Satz wollen wir die Expedition nach Britannien abschließen. (IV 21, 1 + 2)

64

Ad haec cognoscenda, priusquam periculum faceret, idoneum esse arbitratus C. Volusenum cum navi longa praemittit. Huic mandat, ut exploratis omnibus rebus ad se quam primum revertatur.

Der Aufbau des Satzes ist leicht zu überschauen. Das Prädikat **praemittit** steht am Ende, das Objekt in der Nähe *er schickt den Gaius Volusenus mit einem langen = Kriegsschiff voraus* (Handelsschiffe waren anders gebaut); **arbitratus** ist zwar Perfekt, aber diese Form wird im Sinne der Gleichzeitigkeit gebraucht; *er glaubte*; **idoneum esse** (AcI) abhängig von **arbitratus**: aus dem Zusammenhang geht hervor, daß Volusenus gemeint ist, *er glaubte, daß V. geeignet sei*; wozu, steht am Anfang **ad haec cognoscenda**; wegen der Wichtigkeit nach vorn gerückt, *um diese Dinge kennenzulernen = auszukundschaften.*

Bei **priusquam** kann sowohl der Indikativ stehen als auch der Konjunktiv. Hier sollte man nicht einfach sagen *bevor er einen Versuch* (**periculum** in der Grundbedeutung) *machte*, sondern hier schwingt finaler Nebensinn mit, etwa *um kein Risiko einzugehen.*

Auch bei **periculum** klingt der Unterton Gefahr mit, denn ein Versuch ist oft mit Gefahr verbunden. *Bevor Caesar ein Wagnis einging, schickte er den Gaius Volusenus mit einem Kriegsschiff voraus; er hielt diesen Mann für geeignet, das alles auszukundschaften.*

Bei der Übersetzung der letzten Zeile wollen wir noch einmal koordinieren üben. Wörtlich müßte es heißen: *er trägt ihm auf, er solle, nachdem alle diese Dinge ausgekundschaftet worden sind, zu ihm zurückkehren.* Du weißt sicher noch, wie wir in den früheren Kapiteln gelegentlich beigeordnet haben. Das machen wir in gutem Deutsch auch hier: *er trug ihm auf, alle diese Dinge auszukundschaften und dann so schnell wie möglich zu ihm zurückzukehren.* Natürlich kannst du auch andere Möglichkeiten wählen: *er trug ihm auf, nach Erkundung aller dieser Dinge … zurückzukehren*; wähle aus, was dir gefällt. Statt **quam primum** findet man auch den Ausdruck **quam celerrime**, kannst du auch in deinen Vokabelschatz aufnehmen. Daß das Reflexiv-Pronomen **ad se** in dem **ut**-Satz stehen muß, ist dir jetzt schon selbstverständlich.

Im folgenden Kapitel kannst du feststellen, wie weit du jetzt mit einem Text von mittlerer Schwierigkeit fertig wirst.

Text 13 **Supinum, Verknüpfung von Rel.-Satz + Acl**

Cum iam muro turres appropinquassent, ex captivis Caesar cognovit Vercingetorigem consumpto pabulo castra movisse propius Avaricum atque ipsum cum equitatu expeditisque, qui inter equites proeliari consuessent, insidiandi causa eo profectum, quo nostros postero die pabulatum venturos arbitraretur. (VII 18, 1)

turris, is, f. *Turm*; hier ein auf Rädern beweglicher *Belagerungsturm*
captivus, i m. *Kriegsgefangener*
consumere, sumo, sumpsi, sumptum *aufbrauchen, verzehren*
expeditus, a, um *unbehindert, kampfbereit, leichtbewaffnet*
proeliari (Deponens) *kämpfen*
insidiari (Deponens) *einen Hinterhalt legen*
pabulari (Deponens) *Futter holen*
appropinquassent Kurzform für **appropinquavissent**
consuessent Kurzform für **consuevissent**

Zur Situation: Caesar belagert die Stadt Avaricum; sein Gegner Vercingetorix befindet sich ca. 20 km von ihm entfernt.

Beim Lesen des Satzes fällt dir sicher auf, daß der H.S. weit vorne steht
(**Caesar cognovit**); da **cognoscere** ein Verbum ist, bei dem ein A c I stehen
kann, darf dich der Akk. **Vercingetorigem** nicht überraschen; der zugehörige Infinitiv läßt denn auch nicht lange auf sich warten (**movisse**); nach der
Ortsangabe **propius Avaricum** steht **atque**; es verbindet den ersten A c I mit
einem zweiten, den du vielleicht nicht erkannt hast, weil hinter **profectum**
das zu erwartende **esse** fehlt.

Du weißt inzwischen, daß Caesar gern solche Wörter, die er für selbstverständlich hält, wegläßt. Schreibe dir ruhig das Wort **esse** hinter **profectum**,
dann hast du einen besseren Überblick. Jetzt hast du vielleicht schon die
Hauptaussage erkannt: *Caesar hat festgestellt, daß Vercingetorix … bewegt hat und … marschiert ist.* Alle anderen Teile holen wir jetzt nach. *Als
die Belagerungstürme schon nahe an die Stadtmauer herangekommen waren, erfuhr Caesar von Kriegsgefangenen, daß Vercingetorix, da das Grünfutter aufgezehrt war* (Ab. abs.), *sein Lager näher an Avaricum heran verlegt habe.* Man kann statt *da das Grünfutter aufgezehrt war* natürlich auch
substantivisch übersetzen *wegen des Mangels an Grünfutter*; wir wollen
hier den Satz unterbrechen und schließen den zweiten A c I folgendermaßen
an: *er erfuhr ferner, daß er* (**ipsum** = Vercingetorigem) *mit der Reiterei und
den Leichtbewaffneten, die zwischen den Reitern* (= Verband mit den Reitern) *zu kämpfen pflegten, vorgerückt sei, um einen Hinterhalt zu legen* (des
H. wegen), *und zwar dorthin, …*; jetzt müssen wir uns den letzten Teil genauer anschauen. Hier steht ein Relativ-Satz, in den ein A c I eingebaut ist;
hinter **venturos** ist wieder **esse** zu ergänzen. Schreibe es dir ruhig in den
Text! **quo** bezieht sich auf das vorhergehende **eo**, *dorthin, wohin er glaubte,*

daß die Unsrigen … kommen würden (A c I Futur); **pabulatum** ist ein sogenanntes Supinum; es drückt den Zweck oder die Absicht aus und steht, da es ein alter Richtungsakkusativ ist, nur bei Verben der Bewegung (mehr dazu am Ende des Kapitels); im Deutschen sagen wir *um Futter zu holen*.

Die Übersetzung des Relativ-Satzes ist kein gutes Deutsch; es gibt andere Formulierungen, etwa: *dorthin, wohin unsere Soldaten, wie er annahm, am folgenden Tage kommen würden, um Futter zu holen*; oder: *dorthin, wohin seiner Vermutung nach unsere Soldaten am nächsten Tage zum Futterholen kommen würden*.

Such dir aus, was dir gefällt. Vielleicht hast du auch noch einen besseren Vorschlag. Merke dir in diesem Zusammenhang noch einmal, daß beim A c I das Wort **esse** immer fehlen kann, sowohl bei einem PPP (wie hier bei **profectum**) als auch bei einem Futurum wie hier bei **venturos**. Und nun zum Supinum.

Supinum ist ein Fachausdruck, den spätlateinische Grammatiker erfunden haben zur Bezeichnung einer Verbform, die wie ein PPP im Neutrum Singular aussieht. Diese Form (in unserem Text **pabulatum**) ist unveränderlich und drückt ursprünglich die Richtung aus: zum Futterholen.

Ich will das an einem anderen Beispiel klarmachen. Du gehst zum Spielen oder zum Schwimmen. Natürlich meinst du die Tätigkeit. Aber wenn dich jemand fragt: »Wohin gehst du?«, und du sagst: »Zum Schwimmen.«, dann kann genauso gut das Schwimmbad gemeint sein; hier deckt sich also die Angabe des Ortes mit der Angabe der Tätigkeit. So ist auch das Supinum im Lateinischen zu verstehen; ursprünglich Ortsangabe, daher auch nur bei Verben der räumlichen Fortbewegung anzuwenden, wie gehen, kommen, eilen, schicken u.ä.; später ist dann die Ortsangabe hinter der Tätigkeit zurückgetreten, und wir sagen dann, es drückt nicht nur das Ziel aus, sondern auch den Zweck.

Unsere Übersetzung lautet dann *um zu* …; wenn du dich demnächst bei deiner Mutter abmeldest, weil du Fußball spielen willst, kannst du das lateinisch tun mit der Bemerkung **lusum eo**.

Nun einige Beispiele aus Caesar. Abgesandte kommen zu Caesar **rogatum auxilium**, *um Hilfe zu erbitten* oder noch stärker **postulatum auxilium** *um Hilfe zu fordern*, gelegentlich auch milder **oratum auxilium** (von **orare** *flehentlich bitten*); in diesen Ausdrücken ist der verbale Charakter des Supinums noch deutlich zu erkennen; **auxilium** ist jeweils Akk.-Objekt zu der Verbform.

Es kommen aber auch Redewendungen ohne Objekt vor, wie z.B. jemand kommt **gratulatum** *zum Glückwünschen* oder *um Glück zu wünschen*, ein anderer kommt **questum** (von **queri**, Deponens), *um sich zu beklagen* oder *zu beschweren*; Leute werden losgeschickt **frumentatum** *um Getreide zu besorgen*. Du siehst hier überall die unveränderte Form, die auf **-um** endigt.

Der Vollständigkeit halber sei hier erwähnt, daß auch der (selten vorkommende) AcI im Futur Passiv mit dieser Form des Supinums gebildet wird. **eam rem ductum iri existimabant** (VII 11, 4); **ducere** heißt hier *in die Länge ziehen*. **rem** ist Femininum, wie du weißt und wie du an **eam** deutlich siehst; trotzdem muß es heißen **ductum**, weil diese Form als Richtungs-Akkusativ unveränderlich ist. Sie darf also nicht mit **eam rem** kongruieren. *Sie glaubten, diese Sache könne in die Länge gezogen werden*, oder *sie glaubten, diese Sache werde sich länger hinziehen*. In VII 66, 5 sagt jemand, daß sie (Plural) **spoliatum iri** *beraubt werden würden*; natürlich ist das kein Deutsch, aber du sollst erkennen, daß trotz des Plurals die Form **spoliatum** unverändert bleiben muß aus den erläuterten Gründen. In gutemDeutsch sagen wir, *daß sie …verlieren würden …*; das möge genügen.

In unserem Text kam noch eine andere Besonderheit vor, die uns jetzt beschäftigen wird; die Verquickung eines Relativ-Satzes mit einem AcI (**quo nostros … venturos (esse) arbitraretur**); diese Erscheinung wollen wir an einigen Beispielen üben. I 22, 2 ist von einem Berg die Rede, **quem a Labieno occupari voluerit**; wörtlich: *von dem er wollte, daß er von Labienus besetzt werde*. Hier sagen wir: *… ein Berg, der von Labienus besetzt werden sollte*. Die Form **voluerit** ist mit dem deutschen *sollen* übersetzt, wir können also auf einen Einschub verzichten.

Anders verhält es sich mit dem nächsten Ausdruck. VI 24, 2 lesen wir vom Hercynischen Wald (wohl unser Schwarzwald), **quam Eratostheni et quibusdam Graecis famā notam esse video**; Eratosthenes war ein berühmter griechischer Geograph, der im dritten Jahrhundert v. Chr. lebte. Der Hercynische Wald, *der, wie ich sehe, schon dem Eratosthenes und einigen Griechen vom Hörensagen* (**famā**) *bekannt war*. Auch bei dem nächsten Ausdruck übersetzen wir mit einem Einschub.

VI 33, 3 zieht Caesar in eine Gegend, **quo cum paucis equitibus pro-fectum Ambiorigem audiebat**. Ergänze hinter **profectum** das Wort **esse**, damit du den A c I klarer erkennst. Caesar zieht in eine Gegend, *wohin, wie er hörte, Ambiorix marschiert war*. Oder: Caesar zog in eine Gegendm, *wohin dem Vernehmen nach Abiorix marschiert war*.

Caesar versichert, er werde bis zu einem bestimmten Zeitpunkt zurückkehren, **quam ad diem legioni** ... **frumentum deberi sciebat**. (VI 33,4). Nach der bisherigen Übersetzungsart würden wir sagen: *er werde zurückkehren bis zu dem Termin, an dem, wie er wußte, der Legion Getreide zugeteilt werden mußte.*

Wegen der Länge des Satzes (im Original steht noch ein Relativ-Satz) schlage ich hier eine andere Ausdrucksweise vor: ... *er werde bis zu einem bestimmten Termin zurückkehren; an diesem Tage mußte – das war ihm klar – der Legion Getreide (= Verpflegung) zugeteilt werden.*

Du siehst, es gibt mehrere Möglichkeiten, wie man diesen verschränkten Sätzen zu Leibe rücken kann. Das letzte Beispiel kannst du nun sicher schon allein bewältigen; trotzdem will ich als Hilfestellung die Übersetzung mitliefern. In II 1, 1 kommt die Rede auf die Belgier, **Belgas, quam tertiam esse Galliae partem dixeramus**, ...; hier fällt auf daß das Bezugswort **Belgas** nicht mit dem Relativ-Pronomen kongruiert. Caesar setzt hier die Bevölkerung mit dem Gebiet gleich. Wir müssen im Deutschen entweder sagen: *die Belgier, von denen wir gesagt hatten, daß sie den dritten Teil Galliens bilden*, oder *Belgien, von dem wir gesagt hatten, daß es den dritten Teil Galliens bilde.*

Eine solche grammatische Ungenauigkeit nennt man »Inkonzinnität«, die sich nur ein großer Schriftsteller leisten darf, also gewissermaßen ein lateinischer Goethe, wir Normalverbraucher hätten sagen müssen: ... **Belgas, quos tertiam Galliae partem** ... **esse dixeramus**. Das mag für heute reichen.

Hier siehst du einen berühmten Vers, mit dem du dir das Supinum einprägen kannst:

SPECTATUM VENIUNT; VENIUNT SPECTENTUR UT IPSAE
Spéctatúm veniúnt, veniúnt specténtur ut ípsae

Schon der alte Ovid wußte, was manche Menschen ins Theater treibt: *sie kommen, um zu sehen, aber auch um gesehen zu werden*!

Der folgende Abschnitt bringt uns u.a. eine indirekte Rede, von der Grammatik oratio obliqua genannt, wie wir bereits wissen. Zur Situation: Die Gallier hatten unter Führung des Ambiorix eine römische Abteilung samt ihren beiden Kommandeuren vernichtet. Nun wollten sie eine andere Legion überfallen, die unter dem Legaten Quintus Cicero (s.u.) in einem festen Lager überwintert.

Text 14 **Oratio obliqua und
Gerundium und Gerundivum**

Hac victoria sublatus Ambiorix statim cum equitatu in
Atuatocos, qui erant eius regno finitimi, proficiscitur; neque noctem neque diem intermittit peditatumque se sub-
sequi iubet. Re demonstrata Atuatucisque concitatis postero die in Nervios pervenit hortaturque, ne sui in perpetuum liberandi atque ulciscendi Romanos pro iis, quas
acceperint, iniuriis occasionem dimittant; interfectos esse
legatos duos magnamque partem exercitus interisse demonstrat; nihil esse negotii subito oppressam legionem,
quae cum Cicerone hiemet, interfici; se ad eam rem pro-
fitetur adiutorem. Facile hac oratione Nerviis persuadet.
(V 38, 1–4)

sublatus PPP von **tollere, tollo, sustuli** *hochheben*
intermittere *unterbrechen*
concitare *erregen, aufwiegeln*
perpetuus, a, um *ewig*
ulcisci, ulciscor, ultus sum *bestrafen, sich rächen an* + Akk.
profiteri, profiteor, professus sum *bekennen, verheißen*
adiutor, is m. *Helfer*
persuadere, persuadeo, persuasi, persuasum *überreden, überzeugen*

Der erste Satz läßt sich fast Wort für Wort übersetzen. *Durch diesen Sieg emporgehoben = stolz auf diesen Sieg bricht Ambiorix sofort mit der Reiterei zu den Atuatukern auf, die die Nachbarn seines Herrschaftsgebietes waren (wörtl. dem H. benachbart).*

Hac victoria, achte auf den kleinen Unterschied! *Dieser Sieg* heißt **haec victoria**, hier steht **hac**, das kann nur Ablativ sein. **Proficisci** solltest du dir mit drei Bedeutungen merken: *reisen, marschieren, aufbrechen*; je nach Situation mußt du den richtigen Ausdruck wählen.

In Atuatucos, achte bei Völkernamen auf den Kasus! **In** + Akk. heißt immer *in Richtung auf*; im freundlichen Sinne heißt es *zu*, im feindlichen Sinne *gegen*. **In Atuatucis** dagegen heißt *bei den Atuatukern*.

Er unterbricht weder die Nacht noch den Tag = er unterbricht den Marsch weder bei Tag noch bei Nacht, und er befiehlt, daß das Fußvolk ihm unmittelbar (das bedeutet die Vorsilbe **sub**- in unserem Verbum) *nachfolge*. Mach dir hier noch einmal klar, warum es **se** heißen muß: er gibt den Befehl, daß sie ihm, also derselben Person, folgen sollen; hier muß das Reflexiv-Pronomen stehen. Bei **sequi** steht ein Akk. als Objekt, anders als im Deutschen, daher der Kasus **se** und nicht **sibi**.

An dieser Stelle wollen wir eine andere Übersetzung für **iubere** üben. Statt *befehlen* mit nachfolgendem daß-Satz kann man kurz sagen: *er läßt die Fußtruppen unmittelbar nachfolgen*; du kannst also in Zukunft **iubere** gelegentlich mit *lasen* übersetzen.

Was heißt **re demonstrata**? **Res** kann alles mögliche heißen, es kommt immer auf den Zusammenhang an. *Nachdem die Sache dargelegt worden war, …*; was hat Ambiorix den Atuatukern dargelegt? Doch wohl seinen Erfolg gegenüber den Römern. Also sagen wir: *Er schilderte ihnen seinen*

Sieg über die Römer. Vielleicht erscheint dir diese Übersetzung zu frei, aber aus dem Zusammenhang ergibt sich diese Interpretation von **res**, und man sollte sich darum bemühen, einen Sachverhalt so darzustellen, daß auch derjenige ihn versteht, der kein Latein kann. Ambiorix hat offenbar sein Ziel erreicht; denn nachdem die Atuatuker aufgewiegelt worden waren, zieht er gleich weiter zu den Nerviern. Wozu er die Völkerschaften aufwiegelt, ergibt sich aus dem Zusammenhang: er sucht Bundesgenossen für einen Aufstand gegen die Römer.

Ich mache daher folgenden Übersetzungsvorschlag: *Er schilderte den Atuatukern seinen Sieg über die Römer und gewann sie so für seine Pläne; dann gelangte er am nächsten Tage zu den Nerviern und …*

Den folgenden Satz müssen wir uns in allen Einzelheiten anschauen. **hortatur** *er fordert auf*; wen, steht nicht im Text, ergibt sich aber, es sind eben die Nervier, zu denen er ja gerade gekommen ist. Wozu fordert er auf? sie sollen etwas tun bzw. nicht tun; **ne** leitet diese Aufforderung ein. Du weißt, daß jetzt ein Konjunktiv folgen muß; **acceperint** ist zwar Konjunktiv, kommt aber für uns nicht in Frage, da es Prädikat in einem Relativ-Satz ist …, **quas acceperint**, (wie hilfreich sind doch Kommata!). bleibt also **dimittant** *sie sollten nicht fortschicken.* Jetzt brauchst du ein Akk.-Objekt; ich gehe mal davon aus, daß du den Satz noch nicht ganz verstanden hast. Als Akk. böte sich an **Romanos** und **occasionem**. Die Römer fortschicken ergibt keinen Sinn, nehmen wir das **occasionem** als Objekt. Vielleicht kennst du sogar den Ausdruck **occasionem dimittere** *eine Gelegenheit fortschicken = sie ungenutzt vorbeigehen lassen*; das paßt schon besser; was für eine Gelegenheit? Du weißt aus früheren Übungen, daß sich mit **occasio** gern ein Gen. verbindet, ebenso kennst du bei **occasio** ein Gerundium, und das siehst du hier: **liberandi**, *die Gelegenheit des Befreiens* oder *sich zu befreien. Sich* könnte lateinisch **se** heißen, aber der Römer zieht es vor, das Reflexiv-Pronomen im Kasus anzugleichen an **liberandi**; so ist es zu erklären, daß du nicht **se**, sondern **sui** im Text hast. Diese Kasusangleichung kennst du übrigens schon aus früheren Übungen; denke an **sui purgandi causa** u.ä. Ausdrücke! Füge nun noch hinzu: **in perpetuum**, dann hast du: *die Gelegenheit, sich für alle Zeiten zu befreien.*

Atque zeigt dir, daß noch eine zweite Gelegenheit genannt wird, **ulciscendi**, *die Gelegenheit des Bestrafens*, **Romanos** ist Objekt zu **ulciscendi**, *des die Römer Bestrafens*, oder zu Deutsch, *Gelegenheit, sich an den Römern* *zu rächen*. Hier ist nach dem Gen. des Gerundiums **ulciscendi** das Objekt **Romanos** stehen geblieben. Das ist nicht selbstverständlich, du kennst viele Ausdrücke, wo das nicht der Fall ist; erinnere dich an **consilium legionis opprimendae** u.ä. Wendungen! Auch hier dürfte nach der Grammatik stehen: **occasionem Romanorum ulciscendorum**. Aber das hat Caesar nicht geschrieben, er hat das Gerundium stehen lassen in seiner alten Funktion als dekliniertem Infinitiv, und dann das Akk.-Objekt hinzugefügt. Wenn das Obj. im Plural steht, wird gern auf die Umwandlung ins Gerundivum verzichtet.

Jetzt fehlt noch, wofür sie sich rächen wollen; **pro iis, quas acceperint, iniuriis**, *für die Ungerechtigkeiten, die sie* (die Gallier) *empfangen hätten.*

… und er fordert sie auf, sie sollten die Gelegenheit nicht ungenutzt vorübergehen lassen, sich für alle Zeiten zu befreien und sich an den Römern zu rächen für die Ungerechtigkeiten, die sie erlitten hätten.

Der nächste Satz beginnt mit **interfectos esse**, und du siehst auf den ersten Blick, daß du es mit einem A c I zu tun hast. Das übergeordnete Verbum steht am Schluß: **demonstrat**, *er legt dar* bzw. *er erklärt ihnen, daß zwei Legaten gefallen seien und ein großer Teil des Heeres untergegangen sei.* An **nihil esse** siehst du, daß der A c I weitergeht. Der Gen. nach **nihil** kommt oft vor, **nihil negotii** ist wörtl. *nichts der Mühe, nichts an Arbeit*; zu deutsch, *es sei keine große Mühe*; nun hängt von diesem Ausdruck noch einmal ein A c I ab, nämlich **legionem interfici** (Inf. Präs. Passiv), *daß die Legion getötet werde.* Wir verwenden lieber das Aktiv und sagen, *es sei keine große Mühe, die Legion zu vernichten.*

Nun fehlen zu **legionem** noch das Attribut **oppressam** und der Relativ-Satz **quae … hiemet**; dieser letzte Satz ist leicht zu verstehen: *die mit Cicero überwintert.* Schwieriger ist die Übersetzung von **oppressam**; *die überfallene Legion* ist nicht richtig, denn sie ist ja noch gar nicht überfallen. Wir könnten sagen: *wenn sie überfallen worden ist*; das ist sachlich in Ordnung, ist aber bei der Länge des ganzen Satzes zu umständlich. Wir wollen daher koordinieren, wie wir es schon verschiedentlich geübt haben; Koordinieren zum Infinitiv **interfici**; so ergibt sich also: *es sei keine große Mühe, die Legion, die mit Cicero überwintere, plötzlich zu überfallen und sie dann zu vernichten.* Mit **ad eam rem** ist, wie aus dem Zusammenhang ersichtlich, der Überfall gemeint. Mithin darfst du sagen: *für diesen Überfall bietet er sich als Helfer an.*

75

Facile im Schlußsatz ist Adverbium; **oratio** kann man nicht gut mit *Rede* wiedergeben; sagen wir lieber: *mit diesen Worten überredet er die Nervier mühelos.*

Präge dir bei dieser Gelegenheit ein, daß **persuadere** immer mit dem Dativ steht, gleichgültig ob es *überreden* oder *überzeugen* heißt.

Zusammenfassende Übersetzung: *Stolz auf diesen Sieg bricht Ambiorix sofort mit der Reiterei zu den Atuatukern auf, die die Nachbarn seines Herrschaftsgebietes waren; er unterbricht den Marsch weder bei Tag noch bei Nacht und läßt die Fußtruppen unmittelbar nachfolgen. Er schilderte den Atuatukern seinen Sieg über die Römer und gewann sie so für seine Pläne. Dann gelangte er am folgenden Tage zu den Nerviern und forderte sie auf, sie sollten die Gelegenheit nicht ungenutzt vorübergehen lassen, sich für alle Zeiten zu befreien und sich an den Römern zu rächen für die Ungerechtigkeiten, die sie erlitten hätten. Zwei Legaten seien gefallen, so erklärt er ihnen, und ein großer Teil des Heeres sei untergegangen; es sei keine große Mühe, die Legion, die mit Cicero überwintere, plötzlich zu überfallen und sie dann zu vernichten. Für diesen Überfall bietet er sich als Helfer an. Mit diesen Worten überredete er die Nervier mühelos.*

Der im Text erwähnte Cicero, mit vollständigem Namen Quintus Tullius Cicero, war ein Bruder des berühmten Redners, Staatsmannes und Philosophen Marcus Tullius Cicero; Quintus hat mehrere Jahre als Legionskommandeur in Caesars Heer gedient.

Deutsche Grammatik zur indirekten Rede

Bevor wir uns in den folgenden Kapiteln etwas eingehender mit der oratio obliqua beschäftigen, müssen wir einen kurzen Blick auf die deutsche Grammatik werfen, weil wir für die deutsche Formulierung der lateinischen oratio obliqua die Beherrschung des deutschen Konjunktivs voraussetzen. Die Grundregel der deutschen Grammatik für die indirekte Rede lautet: Alle Sätze stehen im Konjunktiv. Bei einer kurzen indirekten Rede kann die Konjunktion *daß* zur Einleitung stehen, ist die Rede länger, verzichtet man auf die Konjunktion und verwendet nur den Konjunktiv. Beispiel: er sagte, daß er krank sei. Aber: er sagte, er sei krank, es tue ihm leid, nicht kommen zu können, aber in wenigen Tagen hoffe er, seinen Dienst wieder aufnehmen zu können. So weit, so gut; die einzige Schwierigkeit liegt darin, welchen Konjunktiv man nehmen soll.

Regel: Grundsätzlich den Konjunktiv I (oder wie wir Lateiner sagen, den Konjunktiv des Präsens). Nur wenn der Konjunktiv I genauso klingt wie der Indikativ, muß man den Konjunktiv II (Konjunktiv Imperfekt) nehmen. Hier einige Gegenüberstellungen:

Konjunktiv I		Konjunktiv II
er habe	aber	sie hätten
du habest	aber	wir hätten
er fahre	aber	sie führen
sie seien	aber	ihr wäret
er stehe	aber	sie stünden;

Vermeide die häßliche Form *würde* als Umschreibung. Ich habe meinen Schülern immer im Scherz gesagt, sie sollten sich einer »würde«-losen Sprache befleißigen. Es gibt nur wenige Fälle, in denen das Modalwort *würde* gerechtfertigt ist, z.B. im Passiv und im Futur als Konjunktiv I zu werden oder in Sätzen, die ohne dieses Modalverbum zweideutig sind wie etwa folgender: wenn er das sagte, lachte ich. Das kann man iterativ (als Wiederholung) verstehen: immer, wenn er das sagte, lachte ich. Ist der Eventualis oder der Irrealis gemeint, muß man der Deutlichkeit halber sagen: wenn er das sagte, würde ich lachen. Aber nur im Hauptsatz. Im wenn-Satz ist nach guter Sitte die Verwendung von *würde* nicht gern gesehen. Früher wurde es sogar als Fehler angestrichen. Wenn du mehr darüber wissen willst, muß du eine deutsche Grammatik zu Rate ziehen; für unsere Betrachtung soll das Gesagte genügen.

Text 15 **Oratio obliqua**

Unser Text bringt einen Bericht, den Caesar über die Nervier erhält.

Nullum esse aditum ad eos mercatoribus; nihil pati vini reliquarumque rerum ad luxuriam pertinentium inferri, quod his rebus relanguescere animos virorum virtutemque remitti existimarent; esse homines feros magnaeque virtutis; increpitare atque incusare reliquos Belgas, qui se populo Romano dedidissent patriamque virtutem proiecissent; confirmare sese neque legatos missuros neque ullam condicionem pacis accepturos. (II 15, 4 + 5)

pati, patior, passus sum *leiden, dulden*
pertinere, pertineo, pertinui, – *sich erstrecken, sich beziehen auf*
relanguescere, relanguesco *erschlaffen*
remittere, remitto, misi, missum *zurückschicken, aufgeben*
increpitare, increpito *anfahren, schelten*
patrius, a, um *väterlich*
proicere, proicio, proieci, proiectum *wegwerfen*

Den Kaufleuten sei kein Zugang zu ihnen = Kaufleute hätten keinen Zutritt zu ihnen; im nächsten Satz fehlt der Akk. des AcI; wir müssen sinngemäß **eos** ergänzen. Caesar läßt solche für ihn selbstverständlichen Wörter gern aus. **Nihil vini** ist stärker als **nullum vinum**; wörtl. *nichts des Weines* (s.o. **nihil negotii**), es bedeutet: *auch nicht ein einziger Tropfen Wein*. **Eos pati** *sie duldeten*, davon hängt wieder ein AcI ab, nämlich **nihil vini … inferri**; **inferri** ist Inf. Präs. Passiv zu **inferre**, das du kennst; *sie duldeten, daß nichts des Weines … eingeführt werde*.

Es ist zweckmäßig, im Deutschen die Negation an eine andere Stelle zu setzen: *sie duldeten nicht, daß auch nur die kleinste Menge Wein bei ihnen eingeführt werde*. Hinter **vini** steht ein weiterer Gen., der ebenfalls von **nihil** abhängt; *nichts der übrigen Dinge*; das können wir natürlich so nicht stehen lassen. **Res ad luxuriam pertinentes** sind *Dinge, die sich auf das Wohlleben beziehen*, also Luxusgüter, die das Leben schöner machen. Da wir oben schon die Negation nach vorn gestellt haben, schließen wir jetzt an: *Sie duldeten nicht, daß Wein, auch nicht in kleinen Mengen, und die übrigen Luxuswaren, die das Leben schöner machen, bei ihnen eingeführt werden.*

Der folgende **quod**-Satz enthält wieder einen AcI, der von **existimarent** abhängt; warum dulden sie die Einfuhr der o.a. Dinge nicht? *weil sie glaubten, daß …*; der Inhalt von **existimare** ist der AcI **animos relanguescere** und **virtutem remitti**; *sie glaubten, daß die Herzen der Männer durch diese Dinge erschlafften und daß die Tapferkeit aufgegeben werde*. Diese wörtliche Übersetzung können wir nicht stehen lassen. Den Plural **animos** machen wir nicht nach; statt dessen sagen wir, *daß die Männer innerlich erschlafften*; auch das Passiv bei **remitti** (Infinitiv Praesens Passiv) machen wir nicht nach; wir verwenden den intransitiven Ausdruck *nachlassen*. Wir formulieren also: *weil sie glaubten, daß die Männer dadurch innerlich erschlafften und die Tapferkeit nachlasse.*

79

Es folgt ein Aussage(Deklarativ)-Satz; *sie seien wilde Menschen und von großer Tapferkeit.* Das verbinden *und* zeigt dir, daß es sich hier um zwei Attribute handelt, 1. ein Adjektiv (**feros**), 2. ein Gen.-Attribut (**magnae virtutis** ist Gen. qualitatis). Diese beiden Attribute werden im Lateinischen durch **-que** verbunden, im Deutschen lassen wir diese Konjunktion aus und sagen: *sie seien wilde Leute von großer Tapferkeit.*

Im nächsten Satz fehlt wieder der (selbstverständliche) Subjekts-Akk. des A c I; ergänze also **eos**! **Belgas** ist Akk. Objekt zu **increpitare** und **incusare**. Du darfst es nicht als Subjekts-Akk. auffassen, sonst gibt der Satz keinen Sinn. *Sie (die Nervier) beschimpften und beschuldigten die übrigen Belgier, die sich dem römischen Volk ergeben und die von den Vätern ererbte Tapferkeit preisgegeben hätten.*

Vor **confirmare** mußt du wieder **eos** ergänzen und am Schluß **esse**! Dann sieht das Gerüst so aus: **eos confirmare sese neque missuros … neque … accepturos esse**. Sei nicht verzweifelt über die vielen Auslassungen! Solltest du einen ähnlichen Text in einer Klassenarbeit bekommen, wird Euer Lehrer Euch bestimmt Hinweise geben, was alles ergänzt werden muß; das kann ein Schüler von sich aus nicht wissen. Mach dir also deswegen keine Sorgen!

Sese missuros (esse) hängt ab von **(eos) confirmare**; *sie bekräftigten, daß sie nicht schickten*; stattdessen kann man formulieren: *sie sagten, daß sie auf keinen Fall …*; wir haben damit eine ähnliche »Akzent-Verschiebung« vorgenommen wie oben bei der Umstellung der Negation. *Sie sagten, daß sie auf keinen Fall Gesandte schicken und keinerlei Friedensbedingung annehmen würden.* (Hier ist »*würden*« erlaubt, weil es Konjunktiv zu »*werden*« ist.)

Eine kleine Besonderheit soll die Behandlung der **oratio obliqua** abschließen.

Caesar und Ariovist vereinbaren eine Unterredung (I 42, 4): **Ariovistus postulavit, ne quem peditem ad colloquium Caesar adduceret; vereri se, ne per insidias ab eo circumveniretur; uterque cum equitatu veniret; alia ratione sese non esse venturum.**

vereri, vereor, veritus sum *fürchten*
alia ratione *andernfalls, sonst*

Ariovist forderte, daß Caesar zu dieser Unterredung keinen Fußsoldaten mitbringen solle. **quem** steht für **aliquem**; du kennst sicher aus dem Unterricht noch den Merkvers: nach **ne, si, nisi, num** fällt der Ali um. Wörtl. müßte es heißen: *daß er nicht irgendeinen Fußsoldaten …*; bei den Worten **vereri se** siehst du sofort, daß es sich um einen AcI handelt. Aber wovon hängt der ab? Ein verbum dicendi im eigentlichen Sinne ist nicht zu entdecken; Caesar fährt in seiner Darstellung so fort, als ob ein solches Verbum vorausgegangen wäre. Nun, man muß es sinngemäß aus dem Wort **postulare** heraushören. Bei *fordern* steht zwar kein AcI, aber immerhin, muß man dabei ja auch den Mund aufmachen, und so schließt Caesar einfach diese Aussage an. Im Deutschen setzen wir entsprechend den Konjunktiv der indirekten Rede und fahren also fort: *er fürchte, …;* nach den Verben des Fürchtens heißt das deutsche *daß* lat. **ne**; *er* (Ar.) *fürchte, daß er* (Ar.) *hinterlistigerweise von ihm* (Caesar) *umzingelt werde.*

Jetzt folgt ein konjunktivischer Satz, der durch keine Konjunktion eingeleitet wird, mithin ist es ein Hauptsatz. Es ist ein Aufforderungssatz, der auch in der direkten Rede (oratio recta) im Konjunktiv stünde. *Jeder* (von beiden) *solle mit der Reiterei kommen.* Diese Aufforderungssätze sind daran zu erkennen, daß sie ohne einleitende Konjunktionen verwandt werden. **uterque** ist grammatisch ein Singular, daher steht auch das Prädikat **veniret** im Singular. Im Deutschen klingt der Plural besser; außerdem schieben wir das einschränkende *nur* ein, da Ariovist ja die **pedites** als Begleiter abgelehnt hatte. *Sie sollten beide nur mit der Reiterei kommen, sonst werde er überhaupt nicht kommen.* Die Form **sese** statt **se** ist dir oft genug begegnet, behalte sie gut, sie kommt immer wieder vor. Bei **venturum esse** siehst du die vollständige Form des Inf. Fut., was bei Caesar ja, wie du weißt, keine Selbstverständlichkeit ist.

Zum Schluß schreibe ich dir einmal auf, wie dieser kleine Text heißen müßte, wenn er in der direkten Rede stünde.

Postulo (ich, Ariovist), **ne quem peditem ad colloquium** (tu, Caesar) **adducas. vereor, ne per insidias abs te** (oder **a te**) **circumveniar. uterque cum equitatu veniat! alia ratione non veniam.**

Die Übersetzung kannst du wohl alleine anfertigen.

Wenn du diesen Abschnitt gut durchgearbeitet hast, kannst du folgendes Experiment machen: nimm dir die Übersetzung vor und versuche, den Text ins Lateinische zurückzuübersetzen! Dann merkst du am ehesten, ob du alles verstanden hast und wo evtl. noch Unklarheiten sind. Oder versuche, einem Freund oder einer Freundin die oratio obliqua zu erklären! Auch dabei kannst du feststellen, ob du den Stoff beherrschst. Du kennst von unseren Übungen zum Gerundium den Spruch: **docendo discimus**; die Wahrheit dieses Diktums wirst du dabei sofort erfahren. Nur Mut!

Hier noch einmal die Regeln: Alle Aussage-Sätze (Deklarativ-S.) stehen im AcI; *alle* Nebensätze stehen im Konjunktiv. Aufforderungssätze stehen im Konjunktiv, wie wir beim letzten Beispiel gesehen haben. Das ist alles.

Eine Frage ist hier unbeantwortet geblieben, nämlich: welchen Konjunktiv nehmen wir? Antwort: Das richtet sich nach dem Tempus des Hauptverbums, die Grammatik nennt das »consecutio temporum«; das brauchst du aber nicht zu wissen; das ist nur wichtig, wenn du einen lateinischen Aufsatz schreiben willst. Bei Caesar findest du immer den richtigen Konjunktiv. Du mußt nur wissen, daß der Konjunktiv Präsens und der des Imperfektes für die Gleichzeitigkeit stehen, während der Konjunktiv Perfekt und der des Plusquamperfektes die Vorzeitigkeit ausdrücken.

Wenn du diese Hauptregeln beachtest, müßte deine Übersetzung immer richtig werden.

TANTAE MOLIS ERAT … (Vergil, Aeneis I 33)
Eine Arbeit von ungeheurer Schwierigkeit war es, …

Zum Abschluß nun eine längere Textstelle, in der fast alles, was wir in den vorhergegangenen Kapiteln geübt haben, vorkommt: jede Menge A c I, einschl. Fut. Akt. und Passiv, Konjunktiv der Aufforderung, Abl. abs., Gerundium, Gerundivum, Dat. finalis, quin etc.

83

Text 16 **Gespickt mit allem, was wichtig ist**

Zur Situation: Caesar hat die gallische Stadt Gergovia nicht einnehmen können; er muß daher seine ursprünglichen Pläne ändern. Diese Lage interpretiert Vercingetorix, der Anführer der Gallier, folgendermaßen:

… **venisse tempus victoriae demonstrat; fugere in provinciam Romanos Galliaque excedere. Id sibi ad praesentem obtinendam libertatem satis esse; ad reliqui temporis pacem atque otium parum profici; maioribus enim coactis copiis reversuros neque finem bellandi facturos. Proinde in agmine impeditos adoriantur. Si impedimentis suis auxilium ferant atque in eo morentur, iter facere non posse; si – id quod magis futurum confidat –relictis impedimentis suae saluti consulant, et usu rerum necessariarum et dignitate spoliatum iri. Nam de equitibus hostium, quin nemo eorum progredi modo extra agmen audeat, ne ipsos quidem debere dubitare. Id quo maiore faciant animo, copias se omnes pro castris habiturum et terrori hostibus futurum.**
Conclamant equites sanctissimo iure iurando confirmari oportere, ne tecto recipiatur, ne ad liberos, ad parentes, ad uxorem aditum habeat, qui non bis per agmen hostium perequitarit. (VII 66, 3–7)

excedere, cedo, cessi, cessum + Abl. *weggehen*
obtinere, obtineo, obtinui, obtentum *innehaben, behaupten*
parum (Adv.) *zu wenig*
proficere, proficio, profeci, profectum *Fortschritte machen*
impeditus, a, um *behindert*
impedimentum, i, n. *Hindernis*; pl. *Gepäck*
adoriri, adorior, adortus sum *angreifen*
proinde (bei Aufforderungen) *daher*
morari, moror, moratus sum *aufhalten, sich aufhalten*
confidere, confido, confisus sum *vertrauen*
spoliare (+ Abl. sep.) *berauben*
non dubitare, quin *nicht zweifeln, daß*
quo + Komparativ + Konjunktiv *damit umso* = **ut eo**

Am Anfang unseres Textes fällt die Wortstellung auf: die Infinitive **venisse** bzw. **fugere** sind nach vorn gerückt; das ist in einem AcI ungewöhnlich; es drückt die Siegeszuversicht des Vercingetorix aus, und wir wollen versuchen, diese Wortstellung nachzuahmen: *Gekommen sei die Zeit des Sieges; auf der Flucht in ihre Provinz seien die Römer und rückten aus Gallien ab.*

Auch im nächsten Satz müssen wir die Stellung beachten; zwei Zeitangaben werden da hervorgehoben, die wir im Deutschen durch zwar – aber wiedergeben. Also: Das genüge ihm zwar, um die gegenwärtige Freiheit zu behaupten (wörtl. für die zu behauptende gegenwärtige Zeit), aber für den Frieden und die Ruhe der übrigen Zeit (= für die Zukunft) nütze das zu wenig. (wörtl. würden zu wenig Fortschritte gemacht, Inf. Präs. Passiv). Wir haben das Passiv nicht stehen lassen können, sondern einen anderen Ausdruck gewählt (nützen), der das Gemeinte wiedergibt. Ähnlich sind wir im vorigen Kapitel bei der Übersetzung von remitti (nachlassen) vorgegangen.

Der folgende Satz beginnt mit einm Abl. abs.; da die Hauptaussage im Futurum steht (**reversuros** ... und **facturos**, wobei mal wieder **esse** zu ergänzen ist), müssen wir den Abl. abs. sinnvollerweise mit *wenn* einleiten; *wenn nämlich größere Truppenmengen zusammengezogen seien, würden sie zurückkehren und nicht ein Ende des Kriegführens machen.* Zu deutsch: *Wenn sie nämlich größere Truppenmengen zusammengezogen hätten, würden sie wiederkommen und den Kampf fortsetzen.* Das PPP **coactis** drückt die Vorzeitigkeit aus, d.h. im Verhältnis zum H.S. muß das, was durch das PPP ausgedrückt wird, bereits geschehen sein. Vorzeitigkeit ist also nicht gleichbe-

85

deutend mit Vergangenheit, wie du an diesem Beispiel siehst. Wenn du diesen Satz in die wörtliche Rede umformst, heißt er: Die Römer werden wiederkehren (Fut. I), wenn sie größere Truppenmengen zusammengezogen haben werden (Fut. II); das ist zwar kein gutes Deutsch, aber du siehst deutlich das Zeitverhältnis. Beide Dinge liegen in der Zukunft, aber innerhalb der Zukunft geht die eine Handlung der anderen voraus. Daher nennen einige Grammatiken auch das Fut. II »futurum perfectum«, das ist kein Widerspruch, sondern bezeichnet genau den Sachverhalt. Natürlich kannst du den letzten Satz auch anders übersetzen, etwa durch einen substantivischen Ausdruck: *Nach Zusammenziehung größerer Truppenmengen würden die Römer wiederkommen …*; du hast die Freiheit der Wahl.

Das Wort **proinde** steht im klassischen Latein nur bei Aufforderungen, also beim Imperativ bzw. Konjunktiv, der in der Grammatik natürlich einen Namen hat: coniunctivus adhortativus. Brauchst du nicht unbedingt zu wissen, aber **proinde** solltest du dir merken, du weißt dann gleich, daß in der oratio obliqua ein Hauptsatz folgen muß. *Sie sollten daher die Römer angreifen, wenn sie* (oder da sie) *auf dem Marsch behindert werden*. **Impediti** sind die Soldaten, wenn sie durch **impedimenta** (s.o.) *belastet*, also *nicht kampfbereit* sind. **impedimenta** übersetzten die Lexika früher mit »Troß«; darunter können sich heute die meisten nichts mehr vorstellen; modern sagt man *Nachschub* oder *Versorgungseinheiten*. In anderem Zusammenhang haben wir es oben mit Gepäck und Gerät übersetzt. *Wenn sie ihren Versorgungseinheiten Hilfe brächten und sich dabei aufhielten, könnten sie nicht marschieren* = kämen sie nicht weiter (sie sind ja auf der Flucht!); bei der Übersetzung des Abl. abs. wollen wir die substantivische Formulierung wählen, da wir sonst zu viele N.S. bekommen.

Wenn sie aber unter Zurücklassung ihres Trosses nur für ihr Heil sorgten = nur auf ihre Rettung bedacht seien, dann würden sie beraubt werden (Inf. Fut. Passiv, s.u.) *sowohl des Gebrauches der notwendigen Dinge als auch der Würde.*

Hier kommt der selten erscheinende A c I im Fut. Passiv vor; wir haben diese Form im Zusammenhang mit dem Supinum gesehen, **spoliatum** ist unveränderliches Supinum, und **iri** ist das Passiv zu ire.

Nun wollen wir verständliches Deutsch daraus machen; *wenn …, dann würden sie ihre notwendige Ausrüstung verlieren und außerdem noch ihre Ehre.* Es fehlt noch der in Gedankenstriche (Parenthese) eingefaßte Gedan-

86

ke – **id quod magis futurum confidat** –; wieder ist **esse** zu ergänzen; *das, worauf er mehr vertraue, daß es geschehen werde.* So etwas kann nur ein Lateinlehrer verstehen. Zu deutsch heißt das: *das halte er für das Wahrscheinlichere.*

In der zusammenfassenden Schlußübersetzung werden wir es an der richtigen Stelle einschieben.

Woher haben wir oben das einschränkende »*nur*« genommen bei *nur auf ihre Rettung bedacht sein*? Antwort: aus der Wortstellung. **suae** ist so betont vor **saluti** gesetzt, daß wir dazu berechtigt sind.

Der mit **nam de equitibus** beginnende Satz klingt sehr rhetorisch, d.h. wie bei einem Staatsakt gesprochen, und also entsprechend umständlich; das wird auch hier wieder durch die Wortstellung deutlich; **quin** steht weit von dem Verbum entfernt, von dem es abhängt, nämlich **dubitare**; **de** heißt hier *was das angeht.* Denn was die Reiterei der Feinde angehe, so dürften sie selbst (**ipsos** = Gallier) *nicht daran zweifeln, daß niemand von den Römern (eorum), es wage, auch nur einen einzigen Schritt aus der festgefügten Marschordnung zu tun.* **modo** kennen wir bereits in der Bedeutung *nur*; hier steht es vor **extra agmen**; daher habe ich es übersetzt: *auch nur einen einzigen Schritt.*

Du siehst auch hier, daß man in unserer Sprache viel mehr Wörter braucht als in der lateinischen. Zurück zum Text! Kurz formuliert heißt das: kein Reiter wird wagen, seinen Platz in der Marschkolonne zu verlassen. Wir können natürlich nicht beurteilen, ob Vercingetorix rhetorisch so gebildet war, daß er eine solche Rede gehalten hat, wie Caesar sie uns hier vorführt. Wir können aber wohl vermuten, daß nach Abschluß der Kämpfe gallische Kriegsgefangene dem Caesar berichtet haben, ihr Anführer sei ein begabter Redner gewesen. Das hat Caesar in dieser rhetorischen Ausschmückung zeigen wollen. Außerdem hat Caesar nach dem Kampf Vercingetorix persönlich kennengelernt; er konnte sich also ein Bild machen von den Fähigkeiten seines Gegners.

Für den nächsten Satz gebe ich dir einen Tip: wenn wie hier **quo maiore faciant quo** mit einem Komparativ und dem Konjunktiv erscheint, setze statt dessen ein **ut eo maiore faciant animo**, dann verstehst du es leichter. *Damit sie das mit umso größeren Mute täten,* …; hier müßte auch in der direkten Rede der Konjunktiv stehen, natürlich unter Änderung der Person:

87

damit ihr das mit umso größerem Mute tut, ...; im Nachsatz hast du die Akk. **copias** und **se**. Welcher ist Subjekt und welcher ist Objekt? ganz einfach: schaue dir den Infinitiv an! **habiturum** ist Singular, kongruiert also nicht mit **copias**, folglich kann **copias** nicht Subjekts-Akk. sein. *Er werde alle Truppen vor dem Lager halten = aufstellen, und er werde den Feinden zum Schrecken sein* (Dat. finalis). Das kann so nicht stehen bleiben, aber du hast sicher den Sinn verstanden, *er werde den Feinden Schrecken einflößen*.

Vor der Bearbeitung des Schlußsatzes muß ich einige Einzelheiten besprechen. **ius iurandum** ist ein t.t. (terminus technicus = Fachausdruck) und heißt *Eidschwur*; hier steht nicht nur **sanctum** als Attribut daneben, sondern sogar der Superlativ; es ist also ein Eid von ganz besonders feierlicher Art. **aliquem tecto recipere** ist ein typisch lat. empfundener Ausdruck, *jemanden in sein Haus aufnehmen*. Was ist hieran typisch lateinisch? Der Ablativ als instrumentalis; wir sagen die Präposition *in*, der Lateiner denkt instrumental: mit Hilfe seines Hauses aufnehmen, er benutzt den bloßen Kasus unter Verzicht auf eine Präposition. **perequitarit** ist Kurzform für **perequitaverit**, Konj. Perf., wie du gleich sehen wirst.

Der Satz zeigt die Reaktion der Gallier auf die Rede des Vercingetorix. **Conclamant equites**, achte auch hier auf die Stellung! *Da rufen die Reiter alle zusammen* (**con**-); wir können auch mal zur Abwechslung sagen: *da rufen die Reiter wie aus einem Munde: es müsse durch einen ganz feierlichen Eidschwur bekräftigt werden; besser: man müsse ... bekräftigen, daß nicht im Hause aufgenommen werde, daß nicht zu Kindern, zu den Eltern, zu seiner Frau Zugang habe, wer nicht zweimal durch den Heereszug der Feinde hindurchgeritten sei.* Dies ist wieder eine Formulierung, die nur der Latein-Lehrer versteht. Wir wollen, wie schon öfter, eine Akzent-Verschiebung vornehmen. Aus der Negation **ne** und dem Relativ-Pronomen **qui** bilden wir ein Subjekt: *niemand*. Ich formuliere zuerst einmal frei, damit du den Inhalt des Schwures verstehst: *Niemand darf wieder nach Hause kommen, der nicht (wenigstens) zweimal durch die Feinde geritten ist.* Hier sind zwei erläuternde Zusätze zu finden, die im Lateinischen nicht stehen: *wieder* bei *aufnehmen* und *wenigstens* bei *zweimal*. Das Wort *wieder* ergibt sich aus dem Zusammenhang, das Wort *wenigstens* ergibt sich daraus, daß nicht eine mathematische exakte Angabe von 2 gemeint ist, sondern ein Maß, das überschritten werden kann, aber nicht unterschritten werden darf. Diese Zusätze helfen, den Sinn besser zu erfassen.

Die Reiter rufen also, *niemand dürfe zu Hause wieder aufgenommen werden, niemand dürfe wieder zu seinen Kindern, zu seinen Eltern oder zu seiner Frau kommen, der nicht wenigstens zweimal durch den Heereszug der Feinde hindurchgeritten sei.*

Ein kurzer Kommentar zur o.a. consecutio temporum. Das Hauptverbum des ersten Satzes steht im Präsens: **demonstrat**, ebenso das des Schlußsatzes: **conclamant**; daher zeigen alle Konjunktive, die die Gleichzeitigkeit bezeichnen, ebenfalls Präsens-Formen; die Vorzeitigkeit kommt nur einmal vor, zeigt den Konjunktiv Perfekt (**perequita(ve)rit**). Du siehst also, Caesar beherrscht seine Grammatik.

Jetzt noch einmal die zusammenfassende Übersetzung, damit du nicht auf mehreren Seiten suchen mußt.

Vercingetorix erklärt, gekommen sei die Zeit des Sieges; die Römer seien auf der Flucht in ihre Provinz und zögen aus Gallien ab. Das genüge ihm zwar für den Augenblick, um die Freiheit zu behaupten, aber im Hinblick auf den Frieden und die ungestörte Ruhe in der Zukunft nütze das zu wenig. Denn wenn die Römer größere Truppenmengen zusammengezogen hätten, würden sie zurückkommen und den Krieg wieder aufnehmen. Daher sollten sie sie auf dem Marsch angreifen, wenn sie infolge ihres Gepäcks und schweren Gerätes nicht kampfbereit seien. Wenn sie ihren Nachschubeinheiten Hilfe bringen wollten und sich dabei aufhielten, könnten sie nicht weiter marschieren; wenn sie aber – und diese Möglichkeit halte er für die

89

wahrscheinlichere – unter Zurücklassung ihres Trosses nur auf ihre eigene Rettung bedacht seien, dann verlören sie ihre notwendige Ausrüstung und überdies noch ihre Ehre. Hinsichtlich der feindlichen Reiterei dürften sie selbst nicht daran zweifeln, daß niemand von den Römern es wage, auch nur einen einzigen Schritt aus der festgefügten Marschordnuung heraus zu tun. Damit sie das mit umso größerem Mute täten, werde er seine sämtlichen Truppen vor dem Lager aufstellen und so dem Gegner Schrecken einjagen.

Da riefen alle Reiter wie aus einem Munde, man müsse durch einen feierlichen Eidschwur bekräftigen, daß niemand wieder nach Hause zurückkehren dürfe, daß niemand zu seinen Kindern, zu seinen Eltern, zu seiner Frau zurückkommen dürfe, der nicht wenigstens zweimal mitten durch die römische Marschkolonne hindurchgeritten sei.

Nun möchtest du sicher gern wissen, wie die Geschichte ausgegangen ist. Vercingetorix hat sich verrechnet. Trotz tapferer Gegenwehr unterliegen die Gallier und müssen sich der Herrschaft der Römer beugen. Vercingetorix zeigt auch in der Niederlage Größe. Er bietet seinen Landsleuten, da er sich ihnen gegenüber schuldig fühlt, seinen Tod an, wenn sie dadurch verschont werden könnten. Caesar besteht jedoch auf seiner Auslieferung. (VII 89)

Aus dem Geschichts-Unterricht weißt du vielleicht, daß die Gallier zunächst die Oberherrschaft der Römer mit großem Unmut ertragen haben, daß sie sich aber schon nach verhältnismäßig kurzer Zeit nicht nur in ihr Schicksal gefügt, sondern sich als Glieder des großen Imperium Romanum empfunden haben. Die Kultur und die Sprache des Siegervolkes haben sie so gründlich in sich aufgenommen, daß die Franzosen heute noch stolz darauf sind, als Romanen angesehen zu werden im Gegensatz zu den barbarischen Nachbarn, den Germanen jenseits des Rheines, die auf Bärenhäuten lagen und nicht lesen und schreiben konnten.

Epilogus

Zum Schluß möchte ich dir noch einen kleinen Brief schreiben – natürlich **linguā latinā**:

Vale, lector amice vel lectrix amica!

In praefatione huius libri scriptor se et discendo et docendo per totam vitam maxime delectatum esse confessus est. Hoc gaudio commotus etiam per ferias cum infantibus suis, nec non et cum aliis liberis nonnumquam versatus est. Anno MCMLXXIII casu in exercitationes per ferias instructas et a Wolfgango Endres administratas incidit seque his inceptis applicavit. Hoc negotium agens cum multis discipulis variae aetatis ex omnibus partibus patriae nostrae congressus curas eorum vel leves vel maximas animadvertit. Omnes fere discipulos isdem difficultatibus premi intellexit. Tum ei in animo erat librum componere, quo omnia contineantur, quae docendo compererat. Sed officiis prohibitus, cum illo tempore director gymnasii cuiusdam esset, efficere non potuit, quod sibi proposuerat. Nunc autem officiis peractis contigit ei negotium perficiendi ea, quae voluerat. fructum huius otii in his paginis invenisti.

Si plures informationes de exercitationibus per ferias instructas accipere vis, scribas ad

> **Studienhaus St. Blasien**
> **Postfach 1105**
> **79837 St. Blasien**

Forsitan etiam tu tanto gaudio afficiaris, quanto multi alii discipuli vel discipulae repleti sunt, et particeps huius ludi litterarii per ferias instructi forsitan intellegas te etiam discendo – mirabile dictu – delectari. Quod quidem toto pectore exoptat tibi huius libelli scriptor.

Nachwort

Im Vorwort hat der Verfasser bekannt, daß Schule ihm sein ganzes Leben lang Freude gemacht hat. Diese Freude ging so weit, daß er auch in den Ferien öfter mit Kindern (nicht nur seinen eigenen) und Jugendlichen zusammen war. So kam er 1973 mit den Ferien-Kursen des Studienhauses St. Blasien in Berührung. Bei diesen von Wolfgang Endres geleiteten Kursen lernte er Schüler und Schülerinnen der unterschiedlichsten Altersgruppen aus allen Bundesländern kennen mit all ihren kleinen und großen Sorgen. Dabei stellte er immer wieder fest, daß die Schwierigkeiten bei fast allen Schülern die gleichen waren. Daraufhin nahm er sich vor, bei gegebener Gelegenheit seine Erfahrungen schriftlich niederzulegen. Aber während seiner aktiven Dienstzeit (er war damals als Oberstudiendirektor Leiter eines Humanistischen Gymasiums) blieb ihm dafür keine Zeit. Nun befindet er sich im sog. Ruhestand und hat die nötige Muße gefunden, sein damaliges Vorhaben in die Tat umzusetzen. Den Ertrag dieser Muße hast du in den vorhergehenden Seiten vor dir liegen.

Wenn du mehr über die Ferien-Kurse des Studienhauses St. Blasien wissen willst, fordere eine Information von dort an!

Studienhaus St. Blasien
Postfach 1105
79837 St. Blasien.

Vielleicht bekommst du dann genauso viel Spaß wie die vielen anderen Teilnehmer und erfährst dort, daß Lernen, so komisch es klingt, auch Freude machen kann.

Das jedenfalls wünscht dir von ganzem Herzen der Verfasser dieses Büchleins.

BELTZ Lern-Trainer

Herausgegeben von Wolfgang Endres

Karl Overbeck

Latein

Einführung in die Lektüre:
Übersetzungstechnik. 3./4.Lernjahr.
92 Seiten. Broschiert.
ISBN 3-407-38002-X

Wenn die wichtigsten Grammatikelemente im Übungsbuch behandelt sind, beginnt für viele Schülerinnen und Schüler mit der Lektüre, meistens »dem Cäsar«, ein neues Problem.
Damit der Übergang zur Lektüre leichter fällt, hilft der »Lern-Trainer Latein« mit einem ganz· besonderen Übersetzungsschlüssel: Znächst werden die Texte erklärt, anschließend wörtlich übersetzt und zum Schluß in gut verständliches Deutsch übertragen. Dabei werden alle wichtigen Erscheinungen der lateinischen Sprache erläutert und »ganz nebenbei« wiederholt, wie zum Beispiel ACI, Abl.abs., Gerundium und Gerundivum, indirekte Rede u.a.
Im »Lern-Trainer Latein« stecken 40 Jahre Schulerfahrung. So bietet der Autor Lernhilfen für genau die Problemfelder, mit denen Schülerinnen und Schüler immer wieder zu kämpfen haben.

Alfred Thieme

Konzentration

Trainingsprogramm. 6.–9. Klasse.
95 Seiten. Broschiert.
ISBN 3-407-38004-6

»Unsere Kinder werden immer zappeliger, sie fangen tausend Dinge an und bringen kaum etwas sauber zu Ende ...« Solche und ähnliche Klagen von Eltern und Lehrern sind nichts Neues, dabei haben Kinder eigentlich eine größere Begabung für konzentriertes Tun als Erwachsene. Der »Lern-Trainer Konzentration« möchte diese Fähigkeit neu beleben.
Kleine Übungen trainieren das bewußte Tun, zum Beispiel das Zuhören und Mitdenken. Schülerinnen und Schüler bekommen Anregungen, wie sie innerlich ruhiger werden und ihr Durchhaltevermögen stärken.
Der »Lern-Trainer Konzentration« ist ein Übungsprogramm, das die Kinder selbständig be- und erarbeiten können. Der »Konz« ist der geduldige Begleiter, dem es sehr am Herzen liegt, daß alle die Erfahrung machen: Ich kann mich konzentrieren.

Dieter Klaas

Englisch

Summary Training. 9.–11. Klasse.
104 Seiten. Broschiert
ISBN 3-407-38005-4

Wenn es im Englischunterricht schwieriger wird, wenn es Probleme bereitet, Gedanken und Texte in der Fremdsprache zusammenzufassen, eben ein Summary zu machen, dann ist der »Lern-Trainer Englisch« wie ein Schlüsseldienst zur Stelle. Mit einem speziellen »Texterschließungsservice« bereitet er auf die Textarbeit vor und bietet für verschiedene authentische Texte jeweils einen passenden Schlüssel.
Da für das Summary die indirekte Rede unerläßlich ist, werden auch die wesentlichen Elemente der »reported speech« dargestellt und geübt.
Jedes Kapitel bietet am Ende eine Zusammenfassung des Inhalts in Stichpunkten und Merksätzen. So genügt es oft, einfach nur den Merkzettel am Ende eines Kapitels zu lesen und sich die Punkte herauszupicken, die noch intensiver zu trainieren sind.

Beltz Verlag · Postfach 10 01 54 · 69441 Weinheim

B_179

BELTZ Lern-Trainer

Herausgegeben von Wolfgang Endres

Tilman Frank

Mathe

Bruchrechnen. 6./7. Klasse.
ca. 144 Seiten. Broschiert.
ISBN 3-407-38011-9

Eine Frage in der ersten Bruchrechenstunde: Du wartest zuerst 1/4 Stunde und dann noch einmal 1/2 Stunde. Wie lange wartest du? Schülerantwort: 3/4 Stunde. Zwei Wochen später in der zehnten Bruchrechenstunde: Du wartest zuerst 1/4 Stunde und dann noch einmal 1/2 Stunde. Wie lange wartest du? Schülerantwort: 1/4 Stunde + 1/2 Stunde = 2/6 Stunde.
Sobald im Unterricht die Bruchrechnung mit Regeln versehen wird oder die Aufgaben die nachvollziehbare Vorstellungskraft der Schülerinnen und Schüler verlassen, wird die Bruchrechnung zum Alptraum für viele. Der »Lern-Trainer Mathe« zeigt Schülerinnen und Schülerinnen und Schülern, daß sie mehr von Mathematik verstehen, als sie sich selber zutrauen. So wirken die ausgewählten Beispiele und die kurzen Einstiegstexte als Mutmacher. Der Lernstoff ist in kleine Portionen aufgeteilt, jeder Lernschritt wird anschaulich dargestellt.

Frank Liebetanz

Vokabeln

Neue Merk- und Lerntechniken.
6.–9. Klasse.
108 Seiten. Broschiert.
ISBN 3-407-38012-7

Sprachenlernen ist mehr als stures Wörterpauken. Und doch führt kein Weg vorbei am lästigen Vokabellernen. So ist es als notwendiges Übel in Kauf zu nehmen. Läßt sich daran gar nichts ändern? Gibt es nicht Lernmethoden, die alles ein bißchen leichter machen? Kann Vokabellernen nicht auch abwechslungsreich, unterhaltsam und manchmal sogar spannend sein? Wie kann jeder seinen besten Lernweg selbst ermitteln und sogar mit Spaß Vokabeln lernen? Der »Lern-Trainer Vokabeln« gibt Antworten auf diese Fragen. Da gibt es Tests und kleine Lernexperimente, pfiffige Merktechniken und praktische Motivationshilfen für ein gezieltes Vokabeltraining. Der »Lern-Trainer Vokabeln« regt an zum Mitdenken und Ausprobieren, bringt jeden auf seine eigene pfiffige Lernidee. So finden am Ende alle ihr ganz persönliches Erfolgserlebnis.

Dieter Klaas

Französisch

Das Passiv. 3.–4. Lernjahr.
82 Seiten. Broschiert.
ISBN 3-407-38014-3

Der »Lern-Trainer Französisch« geht vom einfachen zum Komplexen. Immer mehr wird vom Passiv gelernt – bei gleichzeitigem Wiederholen von schon Gelerntem. Dabei werden auch solche Dinge gestreift und wiederholt wie die Fälle der Nomen, Satzkonstruktion, »accord du participe passé«, die reflexiven und nicht zuletzt die unregelmäßigen Verben. Am Anfang der Kapitel stehen Einführungsübungen, gegen Ende Merkzettel, die das Gelernte festhalten, und am Schluß des Buches die Lösungen.

Beltz Verlag · Postfach 10 01 54 · 69441 Weinheim

B_180

...e fordern Sie kostenlos
...d unverbindlich Katalog
...d Informationsmaterial an

...aterialien
...rationelleres
...rnen

...ungsprogramme
...r Konzentrations-
...derung

...rntechnikseminare
...d Ferienkurse
...Schüler

Senden Sie mir kostenlos und unverbindlich Ihren Katalog und Informationsmaterial.
Ich interessiere mich für: (Gewünschtes bitte ankreuzen)

O Materialien für rationelleres Lernen
(Cassetten, Karteien, Trainingsprogramme, Lernzubehör)

O Übungsprogramme zur Konzentrationsförderung
(Konzentrationstraining und Autogenes Training für Schüler)

O Lerntechnikseminare und Ferienkurse für Schüler

O Inland
O Ausland

Bitte tragen Sie Ihren Namen und Ihre Anschrift auf der Rückseite ein

---

Senden Sie mir kostenlos und unverbindlich Ihren Katalog und Informationsmaterial.
Ich interessiere mich für: (Gewünschtes bitte ankreuzen)

O Materialien für rationelleres Lernen
(Cassetten, Karteien, Trainingsprogramme, Lernzubehör)

O Übungsprogramme zur Konzentrationsförderung
(Konzentrationstraining und Autogenes Training für Schüler)

O Lerntechnikseminare und Ferienkurse für Schüler

O Inland
O Ausland

Bitte tragen Sie Ihren Namen und Ihre Anschrift auf der Rückseite ein

...nn die Antwortkarten
...eits herausgetrennt sind,
...reiben Sie bitte
...r rufen Sie kurz an:

...udienhaus
...Blasien

...s-Thoma-Weg 4
...stfach 1105

...337 ST. BLASIEN

...efon 0 76 72 / 22 89

Absender:

_____
Name, Vorname

_____
Straße, Nr.

_____
Postleitzahl, Wohnort

Ferien-Betreuung
ENDRES

POSTKARTE

Bitte
frankieren

An das

STUDIENHAUS ST. BLASIEN

Hans-Thoma-Weg 4
Postfach 1105

79837 ST. BLASIEN

Absender:

_____
Name, Vorname

_____
Straße, Nr.

_____
Postleitzahl, Wohnort

Ferien-Betreuung
ENDRES

POSTKARTE

Bitte
frankieren

An das

STUDIENHAUS ST. BLASIEN

Hans -Thoma-Weg 4
Postfach 1105

79837 ST. BLASIEN